Georg Kühlewind
Sternkinder: Kinder, die uns besondere Aufgaben stellen

GEORG KÜHLEWIND

STERNKINDER

*Kinder, die uns besondere
Aufgaben stellen*

VERLAG FREIES GEISTESLEBEN

ISBN 3-7725-1978-4

2. Auflage 2001
Verlag Freies Geistesleben
Landhausstraße 82, 70190 Stuttgart
Internet: www.geistesleben.com

© 2001 Verlag Freies Geistesleben & Urachhaus GmbH, Stuttgart
Umschlagfoto: Heidi Velten, Leutkirch
Druck: Offizin Chr. Scheufele, Stuttgart

Inhalt

Einstimmung 7
*Wie dieses Buch entstanden ist 7/ Warum sind Kleinkinder so schwer
zu verstehen? 8/ Sternkinder 9 / Die Forschungsmethode 10/
Praktische Hinweise für den Leser 12*

I. Phänomenologische Menschenkunde
des Kleinkindes 13

  1. Was heißt «geistig» und «geistiges Wesen»? 14
  2. Ist das Kleinkind ein geistiges Wesen? 16
  3. Das Gute im Kind 18
  4. Das Nicht-Vererbte 20
  5. Das Nachahmen 23
  6. Das Sein in der geistigen Welt 25
  7. Das Geprägtwerden 28
  8. Die Sinne 32
  9. Spracherwerb 35
10. Begriffsbildung 39
11. Das Mich-Empfinden 42
12. Spracherwerb und Mich-Empfinden 47
    Zusammenfassung 51
13. Die spontane Religiosität des kleinen Kindes 52
14. Das Ich und die freien geistigen Kräfte 60
15. Die Sternkinder und die schwierigen Kinder 68
16. Die menschenkundlichen Besonderheiten
    der Sternkinder 75
    Eine Mahnung vor dem Praktikum 77

II. Praktikum 79

17. Die Aufmerksamkeit 80
18. Die Konzentrationsübung 83
19. Die innere Haltung 87
20. Sinnesentwicklung, Spracherwerb, Begriffsbildung ... 94
21. Das Mich-Empfinden 97
22. Die Religiosität des Kleinkindes und ihre Pflege 100
23. Kinder, Sternkinder und der Erwachsene 108
24. Nachwort und Trost 112

Anhang I: Neige des Kindesalters 113

Anhang II: Meditationen 126

Meditation 126
Satzmeditation 127
Symbolbildmeditation 129
Wahrnehmungsmeditation 130
Unvoreingenommenheit 132

Anmerkungen 135

Einstimmung

Wie dieses Buch entstanden ist

Wenn man eigene Kinder hat, gibt es Tag für Tag etwas zu bestaunen: die Schritte, die raschen Schritte in der «Entwicklung». Die Anführungszeichen sollen zum Ausdruck bringen, dass diese Entwicklung ein Doppeltes, ein «sowohl als auch» bedeutet: die Bewusstseinswandlung zum erwachsenen Bewusstsein hin wie zugleich der sukzessive, parallel laufende Verlust der kindlich-genialen Fähigkeiten. Der empfindliche Gradmesser dieser Prozesse ist die Sprache des Kleinkindes, und zwar bei weitem nicht nur die verbale Sprache, sondern alles, was zum beabsichtigten Ausdruck gehört, vom Blickkontakt und Lächeln bis zum bewusst zurückgehaltenen Weinen – als Beispiel.

Das vielfältige Wunder des Spracherwerbs[1] und die diesbezügliche Bedeutung der Egoität[2] – das heißt des entstehenden Ego-Leibes, mit Hilfe dessen der Mensch sich selbst als Subjekt zu empfinden beginnt und sich nun der Welt gegenüberstellen kann – bewegten und bewegen mich immer noch zu Forschungen.[3] Hier berührt sich das Thema des Kleinkindes mit der Urtradition: Paradies und Sündenfall – unmittelbare, zeichenlose Kommunikation und verlautete Sprache.

Die menschliche Aufmerksamkeit ist seit Jahren mein Hauptthema. Die Aufmerksamkeit des Kleinkindes wurde bald zum Ausgangspunkt, die Prozesse des Erfahrens beim Erwachsenen wie auch das Dasein im Vorgeburtlichen zu verstehen. Was heißt «Sprache» im Vorgeburtlichen, wie ist das Sein[4] im sogenannten Jenseits, wie wird dieses «Sein» zur Fähigkeit des Verstehens und Ausdrucks auf der Erde? Der Hauptimpuls für die Forschung über das Bewusstseinsleben des Kleinkindes, vorbereitet durch die erwähnten Arbeiten, war letztlich eine Einsicht, die auch zur Gründung der Logosstiftung[5] geführt hat, nämlich diese: Im Vorgeburtlichen wohnen wir nur unter Ich-Wesen, deren Sein und Wesen mit ihrem Ausdruck («Sprechen») identisch ist, ebenso wie auch wir selbst alle auf diese Weise «sprechend» in einer sinnvollen, nur aus Sinn und Bedeutung bestehenden Weltsphäre existieren. Dann werden wir auf der Erde geboren, wo die einzigen Ich-Wesen die Menschen sind – und inwieweit sind wir schon Ich-Wesen? *Das* ist das eigentliche Trauma bei der Geburt, und wie wir es ertragen, überstehen, weiß ich bis heute nicht.

Warum sind Kleinkinder so schwer zu verstehen?

Wir verstehen das Bewusstsein oder die Geistseele des kleinen Kindes so wenig, weil sich unser Bewusstsein seit unserer frühen Kindheit sehr verändert hat. Unsere Intelligenz und die des Kleinkindes stehen etwa in einem solchen Verhältnis zueinander wie eine Menge Kleingeld zu einem Scheck, der die Summe noch in *einem* enthält – sie haben kaum Ähnlichkeit. Worin der Unterschied liegt und wie er zustande kommt, wird in den Kapiteln dieses Buches entwickelt. Die wesentliche Frage ist, wie der Erwachsene sich das kleinkindliche Bewusstsein zur Erfahrung bringen kann. Denn in der Praxis versagen schon die einfachsten Theorien, das heißt sie führen nicht zu den gewünschten Ergebnissen. Umsonst weiß man theoretisch, wie das Schlittschuhlaufen vor sich geht – ohne eigene Erfahrungen auf dem Eis wird man keinen einzigen Schritt tun können.

Sternkinder

Während der Arbeit am Buch ist mir Folgendes passiert: Beim Einchecken am Flughafen Hamburg war vor mir ein junges Ehepaar, die Mutter hatte ein etwa drei bis vier Monate altes Söhnchen auf dem Arm. Der Kleine wendete sich plötzlich um und sah mich an. Direkt in die Augen schaute er mir, und ich war erschüttert, denn das war nicht der Blick eines Babys, sondern der eines sehr selbstbewussten Erwachsenen, und zwar eines weisen, und der schien mich ganz zu durchschauen. Solch ein durchdringender Blick war mir schon früher bei Menschen mit schwerem Autismus begegnet.

Diese Erfahrung ließ mich nicht los, ich erinnerte mich an mehrere solcher Blick-Begegnungen mit Kindern, auch mit größeren. Dann fiel mir ein, wie oft Lehrer und Kindergärtnerinnen sich beklagt haben, dass sie immer öfter mit schwierigen, aber zugleich sehr begabten Kindern konfrontiert werden. Gleichzeitig kam das kalifornische Buch über die sogenannten Indigo-Kinder in meine Hände, dann auch Bücher von Henning Köhler. Mir wurde klar: Eine neue Generation von Kindern betritt seit etwa zwanzig Jahren (mit einzelnen Vorläufern) in wachsender Anzahl die Erde, und das ist das bedeutendste Geschehen in unserem Zeitalter. So schwenkte der Blick von der allgemeinen Menschenkunde der Kleinkinder immer mehr zu den neuen Kindern hin, die ich Sternkinder genannt habe – Sie werden sehen, warum. Über sie zu schreiben schien mir das Wichtigste, weil viele Pädagogen, Psychologen und Psychiater (anthroposophische nicht ausgenommen) nicht bloß nicht bemerken, womit sie es zu tun haben, wenn ihnen «schwierige» Kinder begegnen, sondern es manchmal auch nicht bemerken wollen. Inzwischen wurden mehr als siebzig «Fachbezeichnungen» für diese Kinder geprägt. Oft genug werden die störenden Kinder als gehirngeschädigte mit Medikamenten behandelt, die geeignet sind, die Symptome zu verdrängen, zugleich aber die Möglichkeiten und Impulse, die diese Kinder mitbringen, zunichte machen. Natürlich ist nicht jedes schwierige Kind ein Sternkind, sicherlich aber die Mehrzahl.

So hat sich der Schwerpunkt meiner Arbeit im Entstehen des Buches in Richtung auf die Sternkinder verschoben – wobei ich sagen muss: Dies ist ein erster Versuch. Das Forschen wird und muss fortgesetzt werden. Henning Köhler verdanke ich die Bekräftigung der hier dargestellten Ansichten durch seine enorme Erfahrung mit Problemkindern.

Die Forschungsmethode

Das Erforschen des kleinkindlichen Bewusstseins kann nicht aus der bloßen Beobachtung des Verhaltens geschehen, denn die Beobachtung geht immer schon durch das vorbereitete erwachsene Bewusstsein vor sich, wobei die zur Verfügung stehende Begrifflichkeit bestimmend wirkt. Diese Begriffe aber unterscheiden sich in Qualität und Quantität von den «Begrifflichkeiten» des Kleinkindes, die dessen Verhalten im gleichen Maße bestimmen wie die Begriffe des Erwachsenen seine Beobachtung. Wenn der Erwachsene die Seelenverfassung des Kleinkindes nicht – wenigstens in ihren Grundzügen – erfährt, kann er das Verhalten (das Objekt seines Beobachtens) nur falsch interpretieren, ja, er «sieht» es schon falsch, da das Gesehene vom Sehenden weitgehend mitbestimmt und interpretiert wird.

Der Weg und die Methode der geistigen Forschung ist einfach, aber anspruchsvoll. Sie besteht in der unendlich intensivierten Konzentration erst der denkenden/vorstellenden, dann der fühlenden und zuletzt der wollenden Aufmerksamkeit, wobei Denken, Fühlen und Wollen einander von Anfang an durchdringen und allmählich in der angeführten Reihenfolge kontinuierlich ineinander übergehen.

Die Konzentration hebt uns stufenweise in die Gegenwart, die wir sonst nie wirklich erfahren, weil die Geistesgegenwart – auch die des Verstehens – so kurz ist wie ein Blitz. Den Blitz durch seine Verlängerung erlebend erfahren wir, wie unsere Aufmerksamkeit in das Thema der Konzentration – ein Vorstellungsbild oder einen Gedanken – hineinströmt, um es hervorzubringen und zu halten. Wir erfahren, dass das Thema aus unserer Aufmerksamkeit besteht, also lediglich aus uns selbst. Denn unser geistiges Wesen ist die Aufmerksamkeit.[6] Wir erfahren unsere Identität mit dem Thema. Diese ist in der Identitätserfahrung von allen Zeichen, von allen Worten entblößt, ein reines *Das*, das wir sind – *sind* im Sinne eines andauernden Werdens. Wir sind die Bedeutung des Themas bzw. werden zu ihr – nicht zum Zeichen des Themas bzw. seiner Erscheinungsform – und damit beginnen fortlaufende Wandlungen im Erfahren. Einerseits erleben wir unser waches geistiges Selbst als eine Ich-bin-Erfahrung, ohne dass dieses Ich-bin einen Gegen-Stand nötig hätte, an dem es sich als ein Anderes empfinden kann – gerade das ist der Fall beim Alltags-Ich, das sich an dem Anderen erlebt. Zweitens verändert sich das Thema zu einem fortdauernden Werden. Im Laufe des weiteren Übens durch Verstärkung des Aufmerksamkeitsflusses verändern sich beide Arten von Erlebnissen kontinuierlich. Das Ich-bin wechselt von einem begriffsfreien, intuitiven Denken in die Farbe des erkennenden Fühlens, dann kontinuierlich zum erkennenden Willen; parallel dazu wird das Thema zum Fühlen, zu einer «Gefühlsidee» und später zu einer Willensgestalt. Allem was Gestalt hat, wohnt ein gestaltender Wille inne.

Diese qualitativen Veränderungen der Erfahrung durchlaufen die verschiedenen Phasen des kleinkindlichen Welterlebens, aber nun in einer selbst-bewussten Form. Wir können durch Konzentration und Meditation erfahren, wie das Kleinkind erlebt, indem wir den Verlust an Hingabefähigkeit rückgängig machen, den wir im Aufwachsen erlitten haben.[7]

Praktische Hinweise für den Leser

Der volle «Inhalt» dieses Buches entwickelt sich nur durch das Tun des Lesers, durch eigene Besinnung und Meditation. Im Text finden sich «Besinnungen» und «Meditationen». Erstere sind Gedanken, die man durch Denken vertieft fortsetzt, weiterdenkt, zweitere sind Meditationssätze, über die man auch nachsinnen kann und sollte, bevor man sie meditiert.

Das Meditieren besteht in einem Sich-Konzentrieren auf den Satz, d.h. auf dessen wortlosen, übersprachlichen Sinn, auf die Kraft des Satzes, den man auch als seine «Sonne» bezeichnen kann, denn sie muss «früher» da sein als die Formulierung, die Worte und die grammatischen Wendungen. Diese findet das Bewusstsein anhand der Sonne. In der wort- und sprachlosen Konzentration auf den Sinn des Satzes kann dieser Sinn durchsichtig werden, und ein nächster Sinn kann aufleuchten. Inzwischen verwandelt sich die konzentrierte intentionale Aufmerksamkeit in eine momentan leere und empfangende. Dadurch wird das Erscheinen der nächsten Bedeutung möglich. Die Meditation kann in diesem Sinne eine Übung zu einem mehr intuitiven Bewusstsein sein, oder sie kann als Forschungsverfahren angewendet werden.

Das Praktikum beginnt also eigentlich nicht erst im zweiten Teil des Buches.

I.
PHÄNOMENOLOGISCHE
MENSCHENKUNDE DES KLEINKINDES

I.
Was heißt «geistig» und «geistiges Wesen»?

Wenn wir geboren werden, verbindet sich ein geistiges Wesen mit einer vererbten Leiblichkeit – so sprechen viele Menschen und ebenso viele oder noch mehr denken, es gebe so etwas wie ein geistiges Wesen gar nicht. Daher ist es angebracht, die Bezeichnung «geistig» näher zu untersuchen und zu beschreiben.

Betrachten wir am besten die Sprache. Jede Sprache – Gebärden, Künste, Blicke und Ähnliches mitgerechnet – besteht aus sinnlich wahrnehmbaren Zeichen und nicht sinnlich wahrnehmbaren Bedeutungen. Die Zeichen haben einen stofflichen Träger (Luftwellen, Papier, Tinte usw.), die Bedeutungen dagegen sind stofffrei; vergeblich suchen wir nach einer Stofflichkeit, aus der sie geschaffen wären. Unter «Bedeutung» verstehen wir nicht nur, was sich durch verbale Sprache mitteilen lässt, sondern auch, was nur das Fühlen anspricht, wie z. B. Musik oder andere Künste, oder den erkennenden Willen, wie z. B. ein religiöses Ritual. Die letzteren Bedeutungen können nicht in eine verbale Sprache übersetzt werden – sonst wären Musik usw. ersetzbar, also überflüssig.

Ist nun Bedeutung stofffrei und ohne Zweifel eine Realität, die den Ursprung der Zeichen bildet – es gibt kein Zeichen ohne Bedeutung, aber die Bedeutung ist in ihrem Entstehen noch ohne Zeichen –, so kann diese Realität «geistig» genannt werden; sie ist stofffrei *und* verständlich, sinnvoll. Daraus folgt unmittelbar, dass auch die Quelle der Bedeutungen nicht stofflich sein kann und ebenso wenig derjenige, der Bedeutungen versteht. Da andererseits Zeichen und Bedeutung in menschlichen Zusammenhängen nicht mechanisch gekoppelt sind[8] – ein Zeichen kann je nach Kontext

14

und Umständen sehr verschiedene Bedeutungen haben –, gehört zum Phänomen Zeichen–Bedeutung das Verstehen und ein Verstehender. Daraus geht hervor, dass weder das Verstehen noch der Verstehende stofflich sein können. Verstehen ist ein geistiges Phänomen und der Verstehende ein geistiges Wesen.[9] Wenn ein Mensch, der lesen kann, und ein anderer, der nicht lesen kann, dieselbe Textseite anschauen, oder wenn ein Schachspieler und ein anderer, der das Spiel nicht kennt, eine Konfiguration auf dem Schachbrett anschauen, so ist der Unterschied im Gesehenen nicht darin zu suchen, dass die einen einen *stofflichen (oder Kräfte-) Zusammenhang* zwischen den Buchstaben oder Wörtern bzw. zwischen den Schachfiguren wahrnehmen, der den anderen verborgen bleibt. Hört man jemanden sagen: «Schöne Geschichte!», so hängt der Sinn von den Umständen ab, der Wortlaut allein bestimmt noch nichts.

Besinnungsthemen:

1. Ein Affe versteht die Wörter für Zahlen bis sieben. Sagt man ihm «sechs», so klopft er sechsmal. Ist das ein geistiges Wesen? Was müsste er können, damit wir ihn als geistiges Wesen anerkennen?
2. Kann man etwas sagen, wahrnehmen, fantasieren, das keine Bedeutung hat? Gibt es ein Ding, das keine Bedeutung hat?
3. Welche stofffreien Wirklichkeiten kennen wir?
4. In den Zeichen ist ihre Konfiguration, ihre Gestalt das Charakteristische, Zeichenhafte, nicht oder nur selten ihr Stoff. Was alles kann Zeichen sein?

Meditationsthemen:

1. Nur Bedeutungen können verstanden werden.
2. Der Unterschied zwischen Wirkung und Zeichen liegt im Verstehen.

2.
Ist das Kleinkind ein geistiges Wesen?

Verstehen kann nicht unterrichtet werden, denn jeder Unterricht setzt die Fähigkeit zu verstehen voraus. Wo nicht Keime des Verstehens vorhanden sind, kann sich das Verstehen nicht entwickeln. Das Kleinkind kommt auf Verstehen beziehungsweise auf Bedeutung gestimmt auf die Welt. Das kann daraus ersehen werden, dass es von Anfang an Zeichen, genauer: Bedeutungen von Zeichen versteht, und zwar schon lange bevor es Bedeutungen verbal oder in irgendeiner anderen Weise ausdrücken kann. Das erste Zeichen ist der Blickkontakt, dessen «Bedeutung» zu groß ist, um sie durch Worte ausdrücken zu können; ebenso das nächste Zeichen im Leben, das Zurücklächeln beim Angelächeltwerden. Auch alle später erscheinenden nicht-vererbten Fähigkeiten, wie das Sich-Aufrichten, das Gehen auf zwei Beinen[10], das Sprechen und Denken berühren in jedem Fall das Spannungsfeld von Zeichen und Bedeutung, setzen also ein Verstehen voraus.

Wenn wir diese Fähigkeiten klar betrachten, können wir aus ihrer Gegebenheit zwei Schlüsse ziehen. Der Erste ist, dass das Kind sie mitbringt, und das weist auf eine vorgeburtliche Existenz hin: Das geistige Wesen war vor der Geburt schon vorhanden, noch nicht an einen Körper gebunden. Mit dem zweiten Schluss ziehen wir in Betracht, dass das geistige Wesen in eine Welt kommt, die nach dem Muster der Sprache aufgebaut ist, die also sowohl Stofflichkeit wie Bedeutung enthält. In einer geistigen Welt, einer Welt von Bedeutung schaffenden und verstehenden geistigen Wesen, existieren keine Zeichen, schon allein, weil es keine Stofflichkeit gibt – da gilt die stumme Sprache des unmittelbaren und unvermittelten Verstehens.[11] Das kindliche geistige Wesen ist aber schon von Geburt an auf die irdische Welt gestimmt, das heißt auf eine Welt, die Stofflichkeit und damit Zeichen enthält. Das Kind begegnet den Zeichen und steht ihnen nicht fremd gegenüber, sondern «sucht» nach Bedeutung und Sinn. Es bringt so etwas wie ein implizites, nicht-spezifisches «Wissen» von der Erdenwelt schon mit. Das zeigt sich nicht nur in den einzelnen Fähigkeitsgebieten wie Musik, Mathematik usw.,[12] sondern auch darin, dass das Kind sich in den Grundstil der Erdenwelt – nämlich ihr Bestehen aus Zeichen und Bedeutung zugleich – meistens mühelos hineinfindet. Dieses Hineinfinden zeigt offensichtlich ein Wiedererkennen und nicht den Charakter, in eine völlig fremde Welt zu gelangen. Ein geistiges Wesen ist eines, das Bedeutungen verstehen kann; das hinter den Zeichen Bedeutungen ahnt und sucht, um sie zu verstehen.

Besinnungsthemen:

5. Woher weiß das Kind, dass sinnlich wahrnehmbare Zeichen, wie zum Beispiel das Lächeln, eine Bedeutung haben?

6. Jegliche Zuwendung zum Kind setzt Liebe voraus, sonst wird sie vom Kind als geheuchelt empfunden, was sie dann tatsächlich auch ist. Die Liebe zum Kind ist entweder vorhanden oder nicht. Was kann man im letzteren Falle tun?

7. Das Kind kann Zeichen, z. B. Laute und Worte nachahmen, ohne die Bedeutung zu verstehen. Was lässt sich daraus ersehen?

Meditationsthema:

3. Was ist «Verstehen»?

3.
Das Gute im Kind

Das Gute war in älteren Kulturen im Osten, im Zen wie auch in der europäischen Tradition bei Platon, Aristoteles und Thomas von Aquin das oberste reale Kraftprinzip, nach welchem die Welt gebaut und der Mensch geschaffen worden ist.[13] Die Zeichenwelt, gewöhnlich «Welt» genannt, wurde besonders durch das Christentum nach und nach dem Menschen anvertraut. Die Gottheit greift trotz ihrer Allmacht – «bei Gott ist alles möglich» – weder in das Schicksal der Welt noch des Menschen ein, falls die Menschheit und der Einzelne die Hilfe nicht suchen. Offensichtlich hilft die Gottheit, wenn überhaupt, nur durch den Menschen. Der natürliche Weltenlauf aber, insofern er im Menschen als implizites Wissen über das Gute wirken kann, enthält als Möglichkeit die Orientierung zum Guten hin. Jeder Begriff von «Karma» oder Schicksal setzt diese Orientierung in der Welt und im Menschen voraus, sonst hätte «Ausgleich» keinen Sinn.

Und wenn wir es unter einem anderen Aspekt betrachten, so ist unschwer einzusehen, dass in den dualistisch gestalteten Denk- und Sprachsystemen der positive Pol der primäre ist. Ohne die Erfahrung des Lichtes, des Guten, des Schönen, des Wahren, des Sinnvollen würden wir von deren Gegenteil nicht wissen und die Gegenqualitäten nicht wahrnehmen. Am Beispiel des Lichtes: Die Finsternis wird uns sichtbar, weil wir lichtbegabt sind und weil es möglich ist, vom Licht zu wissen. Lebten wir nur in der Finsternis, so würden wir weder die Finsternis gewahr werden noch eine Ahnung vom Licht haben können. In diesem Sinne kommt auch das Kind als geistiges Wesen zum Guten orientiert auf die Welt.

Das drückt sich in der Offenheit und Hingabefähigkeit des kleinen Kindes aus oder mit anderen Worten: in seiner Liebe.[14] Wenigstens bis zum Auftreten der Egoität (s. Kap. 11) lässt sich die Orientiertheit zum Guten beim Kleinkind wahrnehmen. Dazu muss man allerdings in einer Zivilisation, die durch das Egoitätsprinzip gelenkt wird (welches man auch noch für gesund hält) schon gute Augen haben. Wer sie hat, kann bestätigen: Jeder Mensch kommt nicht nur «erleuchtet durch das wahrhaftige Licht» (Joh. 1,9) in die Welt, sondern mit der umfassenden Intention, der Welt, dem Mitmenschen das maximale Gute zu bringen. Diese Absicht wird oft durch das Leben und durch die Erziehung während des Aufwachsens verdeckt, abgelenkt oder sogar zu ihrem Gegenteil pervertiert. Es ist jedoch auffällig, dass Kleinkinder das Wort «gut» in seinen vielen Anwendungen auffassen, ohne irgendwelche Erklärungen zu brauchen – die wir als Erwachsene ohnehin zu geben nicht fähig wären und die die Kinder auch nicht verstehen könnten.

Besinnungsthema:

8. Ungut, unschön, unwahr – unschlecht, unhässlich, unfalsch … Setzen Sie die Reihe fort. Woran nehmen Sie die Grundtendenz des Kleinkindes (unter zwei Jahren) wahr?

Meditationsthema:

4. Kann man das Gute erklären, definieren? Wenn nicht: Woher kommt der Begriff?

4.
Das Nicht-Vererbte

Es wurde erwähnt, dass die spezifisch menschlichen Fähigkeiten nicht vererbt sind: Blickkontakt, Lächeln, Sich-Aufrichten, Gehen, Sprechen und damit das Denken. Sie kommen alle nur in einer normalen menschlichen Umgebung zur Entfaltung. Die Keime dazu müssen im Kind schon vorhanden sein. Daran schließt sich die Frage an, *wie*, in welcher Weise sie vorhanden sind. Auffällig ist, dass alle erwähnten Fähigkeiten seelische oder – im Falle des Sprechens und Denkens – seelisch-geistige Tätigkeiten sind, die durch den Körper in Erscheinung treten. Sich aufrichten und auf zwei Beinen gehen sind vom Biologischen her gesehen überflüssige, teils sogar «unpraktische» Verhaltensweisen. Sie sind biologisch nicht vererbt, sonst würden sie entweder in jedem Falle (unbedingt) auftreten, so wie die Zähne kommen, oder durch biologisch-physikalisch wirkende Umstände hervorgerufen werden (wie ein Samenkorn bei Wärme und Nässe keimt).

Natürlich haben diese Fähigkeiten biologische Bedingungen, wie Nahrung, Körperpflege usw. Diese genügen aber nicht, um sie zum Erscheinen zu bringen. Es ist die seelisch-geistige Hinwendung der erwachsenen menschlichen Umgebung, ihre Aufmerksamkeit, die notwendig ist. Ohne sie entwickeln sich die genannten Fähigkeiten nicht. Die Hinwendung kann größte körperliche Hindernisse überwinden, wie Blindheit und Taubheit zugleich – ein beeindruckendes Beispiel dafür ist Helen Keller –, während ihr Mangel auch dann, wenn alle körperlichen Voraussetzungen gegeben sind, gelegentlich zu lebenslänglicher Behinderung führt.

Man könnte diese Phänomene der Fähigkeitsentwicklung durch das Nachahmen erklären, wenn nicht gerade das Nachahmen-Können der spezifisch menschlichen Fähigkeiten das Fragliche wäre: das Vorhandensein eines uranfänglichen keimhaften Grundes, der bei den Tieren fehlt.

Aus dem bisher Beschriebenen geht hervor, dass das Mitgebrachte, die «Keime» zu den genannten Fähigkeiten in dem geistigen Wesen des Kleinkindes und nicht im Vererbten zu suchen sind und dass die Erziehung lediglich das Ziel hat, das geistige Wesen und damit die Fähigkeiten mit dem vererbten Körper zu verbinden, so dass die «Keime» als beobachtbare, wirkende Fähigkeiten durch den Körper in Erscheinung treten können und die Leiblichkeit als Zeichen-Instrument für die wechselnden Bedeutungen des Innenlebens oder des geistigen Wesens gebraucht werden kann. Anders gesagt: dass das Geistwesen den Körper ergreife und für seine Äußerungen gebrauche. Das ist das erste Ergreifen der Leiblichkeit. Wie geht es vor sich und wie wirkt die Hinwendung der menschlichen Umgebung auf das Kind?

Wir gehen zunächst phänomenologisch vor. Was sehen wir?

Wir schauen das Kind an, suchen seine Augen, finden seinen Blick. Wir lächeln das Kind an, es lächelt zurück. Es sieht uns in aufgerichteter Position auf zwei Beinen gehen und richtet sich auf; es hört uns sprechen und beginnt zu sprechen. Wir denken beim Sprechen und das Kind beginnt zu denken. Zweifellos sind die aufgezählten Einwirkungen auf das Kind seelischer Art, auch wenn sie das Kind z.T. durch die Sinneswahrnehmung zu erreichen scheinen. Die Bedeutung der Worte und der grammatischen Formen erlangt es jedoch nicht durch die sinnliche Wahrnehmung der Laute, *nicht* durch das Hören; die kindliche Sinneswahrnehmung ist aber auch sehr verschieden von der des Erwachsenen. Auch angelächelt zu werden hat für das Kind eine seelische Bedeutung, die für den Erwachsenen schwer oder gar nicht in Worte zu fassen ist.

Besinnungsthema:

9. Wie ahmt das Kind nach? Beobachtet es, was nachgeahmt
   wird? Ahmt es nur nach, was durch die Sinne wahrgenommen
   wird?

5.
Das Nachahmen

Die Anlage zum Nachahmen muss dem Kind angeboren sein, es «lernt» dies nicht und man unterrichtet es nicht darin, Nachahmen kann auch nicht unterrichtet werden, dazu müsste der, den man unterrichtet, schon wissen, was Nachahmen ist. Durch seelisch-geistige Wirkungen wie Hinwendung und Liebe wird die mitgeborene Anlage angesprochen. Die Anlage wird aus der Welt mitgebracht, wo das seelisch-geistige Wesen vor der Geburt oder der Empfängnis war: die geistige Welt der Bedeutungen und Ich-Wesen. Sie ist mit Sicherheit keine materielle Welt, da Bedeutungen stofffrei sind.

Das Kleinkind kann nachahmen, aber es will nicht von sich aus nachahmen, es fasst keinen Entschluss dazu, umso weniger, als die meisten nachgeahmten Bewegungen oder Funktionen gar nicht bewusst geschehen. Als Beispiel sei die Nachahmung von Lauten oder Tonhöhen erwähnt, was als Fähigkeit aus dem Kindesalter dem Erwachsenen geblieben ist: Man hört etwas durch das Ohr, und die Stimmbänder bzw. die Sprachorgane können das Gehörte auf Anhieb reproduzieren – im Sprach- und Gesangsbereich bleiben wir Kinder. Woher wissen die Sprachorgane bzw. die Stimmbänder, wie das Gehörte wiederzugeben ist? Die nahe liegende Erklärung ist, dass die entsprechenden Organe schon beim Hören stumm mitmachen und das Gehörte daher eventuell durch einen Luftstrom zum Erklingen bringen können. Die Frage verschiebt sich ein wenig, aber im Wesentlichen bleibt sie bestehen: Woher wissen diese Organe, wie man beim Hören mitmacht? Die körperliche Beteiligung an den Ausdrucksbewegungen verläuft immer überbewusst[15], aber *wie* ist dadurch noch nicht erklärt. Jedenfalls deutet die überbewusste Wirkensweise auf einen geistig mitgebrachten Ursprung dieser Fähigkeiten hin. Im 2. Kapitel wurde zu zeigen versucht, inwiefern das geborene Kind eine Affinität zu dem Charakteristikum des Erdendaseins – nämlich dessen Bestehen aus Zeichen und Bedeutungen – mitbringt. Jetzt wenden wir uns der Darstellung des Seins im Geistigen zu, wie es auf Grund der geistigen Forschung erscheint und wie es durch logische Folgerung aus der Beobachtung des irdischen Menschenwesens ersichtlich ist. Daraus können Wesen und Ursprung des «Nachahmens» verständlich werden.

Meditationsthema: 5. Verstehen ist Nachahmen.

6.
Das Sein in der geistigen Welt

Der Hauptcharakter des menschlichen Seins auf der Erde ist heute das Getrenntsein – von der geistigen Welt, von der Natur, voneinander. Ursachen dieses Getrenntseins sind offenbar der Stoff, aus dem die sinnlich wahrnehmbare Zeichenwelt besteht, das gehirngestützte Denken, das egoistische Mich-Fühlen, das sich auf den Körper gründet, und die nicht-kommunikativen Funktionen des Körpers.

Wenn wir uns besinnen, wo, unter welchen Umständen ein nicht-getrenntes menschliches Dasein zu finden ist, so gelangen wir zu drei Möglichkeiten: das Kleinkind, Menschen in archaischen Kulturen und manche Menschen, die eine Behinderung haben, z. B. Autismus von Kindheit an. Bei ihnen allen fehlen zwei der erwähnten potentiellen Ursachen des Getrenntseins: Das Mich-Fühlen oder die Egoität und – aller Wahrscheinlichkeit nach – das gehirngestützte Denken. Beim Kind tritt das Mich-Fühlen anderthalb bis drei Jahre nach der Geburt auf. Es zeigt sich daran, dass das Kind in der ersten Person zu sprechen beginnt. In diesem Zeitraum wird das Gehirn durch die Bewusstseinfunktionen strukturiert – die Sprachzentren durch das Sprechen usw.

In archaischen Kulturen beziehungsweise in dem, was noch von ihnen geblieben ist, lebt eine Menschheit, die, wenigstens größtenteils, bewusstseinsmäßig durch eine Gruppenseele oder mit anderen Worten durch ein gemeinsames Bewusstsein zusammengefasst ist. Da nicht Bequemlichkeit das leitende Motiv des Lebens ist, hat – im Idealfall – alles kultischen Charakter und «religiöse» Bedeutung, wenn auch nicht in unserem Sinne. Mit der Bequemlichkeit ist auch die Egoität, das starke Mich-Fühlen ausgeschlossen. Das Fühlen hat noch überwiegend erkennenden Charakter, und der Mensch kann daher auch mit der Natur ohne analytische Wissenschaft erfolgreich umgehen, indem er allein seinem Fühlen folgt.

Seit dem Aufkommen der gestützten Kommunikation wissen wir von Menschen mit schwerem Autismus, dass sie einerseits ihren Körper weitgehend nicht empfinden und andererseits die Gedanken und Gefühle der Umgebung überaus stark miterleben. Wo das Fühlen erkennend ist, braucht der Mensch das Denken kaum und noch viel weniger das gehirngestützte Denken.

So lässt sich feststellen, dass die Trennung durch das Mich-Fühlen zustande kommt. Es ist der Grund dafür, dass die unmittelbare, das heißt zeichenlose Kommunikation zu funktionieren aufhört, da der größte Teil der früher erkennend hinausfühlenden Kräfte nun eine sich-empfindende Hülle bildet. Diese legt sich um die Leiblichkeit, jedoch nicht in räumlichem Sinne, so dass auch das Körperinnere fühlbar wird, falls ein innerer Körperteil nicht richtig funktioniert.

Die Ausbildung des Mich-Empfindens ist wie eine Wiederholung des Sündenfalls, über den in fast allen Traditionen berichtet wird, wenn sich auch die berichteten Formen unterscheiden. Die Trennung ist ein notwendiger kosmischer Impuls, um die Entwicklung des Menschen zu Freiheit und Schöpfertum zu ermöglichen, zu einer Freiheit von der geistigen Welt.

In der geistigen Welt – der Welt der Ich-Wesen, von wo die menschliche Geistseele auf die Erde geboren wird – gibt es keine Trennung. Es ist andauernde Kommunikation[16], und das ist das Sein. In diesem Sein *sind* wir Gespräch (Hölderlin), Sprache, Sagen, ein Worten ohne Worte, das ursprüngliche Sein. Auf der Erde wird aus diesem Sein die Fähigkeit des Verstehens und Mitteilens. Wir kommen aus einer Welt des Verstehens und Mitteilens, und diese auf der Erde zwiefältige Fähigkeit ist in der geistigen Welt ein und dieselbe: Wir werden – wie auf der Erde ein Standbild –

geprägt und strahlen den Sinn, durch den wir geprägt worden sind, wieder aus – wie das Standbild seine Prägung ausstrahlt. In dieser Welt besteht keine Antipathie, nur Sympathie, und zwar nicht als seelische Regungen, sondern als Kräfte der Hingabe oder der Trennung. Im Erdenleben wirkt die geistige Sympathie im Verstehen, Erkennen, Wahrnehmen: im Identisch-Werden. Denn wie wir in der geistigen Welt *das* werden, wozu wir geprägt werden, so werden wir auch im irdischen Verstehen, Erkennen und Wahrnehmen für einen homöopathisch kurzen Augenblick *das*, was wir erfahren, identisch mit *dem*, was schon im nächsten Augenblick, wenn wir uns aus der Identität wieder herausgelöst haben, für uns zum Objekt wird. Das Wesen unserer Aufmerksamkeit ist dieses Identisch-werden-Können, diese Hingabe oder Liebe – ein Abglanz des Seins im Geistigen. Ist die Aufmerksamkeit intensiv, konzentriert, dann wird sie – und damit wir selbst – mit dem, worauf sie gerichtet ist, erlebbar identisch. So geschieht es im Theater, im Konzert – Musik ist kein Objekt – oder in der Konzentrationsübung, in der Meditation.[17]

Besinnungsthema:

10. Wenn das Mich-Fühlen uns vom Intuitiven, vom intuitiven Denken trennt, bleibt uns die Rationalität. Woher könnte sie ihre sichere Orientierung nehmen?

Meditationsthemen:

6. Sein ist Kommunikation ohne Zeichen.

7. Aufmerksamkeit ist Liebe.

7.
Das Geprägtwerden

Die «Nachahmung» des Kleinkindes ist eigentlich ein Geprägtwerden, eine aus dem Vorgeburtlichen mitgebrachte Eigenschaft,
die sogar beim Erwachsenen zu finden ist, nämlich auf dem einge-
schränkten Gebiet des Sprechens und Singens. Beim Hören werden die Sprachorgane beziehungsweise die Stimmbänder vom Ge-
hörten geprägt, da geht die Prägung wie beim Kleinkind bis ins
Physische, während sie sonst bloß die Aufmerksamkeit gestaltet.
Diese wird in jeder Erfahrung zu *dem*, was der Mensch, was die
Aufmerksamkeit selbst erlebt. *In allen Erfahrungen erleben wir die
Metamorphose der Aufmerksamkeit in ihr jeweiliges Thema*, ohne es
zu bemerken. Dadurch kommen wir zu der irrigen Meinung, wir
erlebten etwas, das unabhängig von uns «da ist».[18] Damit wir etwas
erfahren – gleich, ob es ein Gedanke, ein Gefühl, eine Sinneswahrnehmung, ein Erinnerungsbild oder eine Fantasie ist –, muss es in
unserer Aufmerksamkeit erscheinen. Was nicht auf irgendeinem
Wege in unsere Aufmerksamkeit gelangt – und sei es, dass jemand
uns davon erzählt –, davon können wir nicht wissen. Sogar was
wir als Hypothese annehmen, was wir fantasieren, muss in der
Aufmerksamkeit Gestalt erhalten. Thomas von Aquin nennt, was
wir erfahren, das Erkenntnisbild. Würde der Mensch bloß aus
Aufmerksamkeit bestehen, er wäre, wie im Vorgeburtlichen, grenzenlos prägbar, plastisch. Eben deshalb würde er das Geprägtwerden nicht *erfahren*. Denn um etwas zu erfahren, braucht man eine
Instanz, die nicht mitgeprägt wird, wodurch für den Erfahrenden
der notwendige Abstand entsteht, um das partielle Geprägtwerden zu bemerken – von einem «Ort» oder «Standpunkt» aus, wo

28

keine Prägung stattgefunden hat. Um solch einen nicht-bewegten Ankerpunkt zu erhalten, wurde das Menschenwesen auf der Erde mit einer mineralisch durchsetzten Leiblichkeit und mit den beweglicheren Elementen, Leibern ausgestattet, die zwischen dem seelisch-geistigen Subjekt und dem physisch-mineralischen Leib vermitteln.

Je mehr sich der geistige Teil des Menschen mit den geformten «Leibern» verbindet, umso weniger kann er den Prägungen folgen. Die Verbindung geschieht größtenteils durch die Bildung des Mich-Empfindens am Körper. Dadurch wird der Erfahrungsbereich eingeschränkt, so dass der Erwachsene für einen großen Teil der Realität unempfindlich wird. Er nimmt zum Beispiel nicht unmittelbar wahr, ob etwas lebt oder nicht, erfährt die Gefühlswirklichkeit eines anderen Wesens nicht unmittelbar, und er braucht sinnlich wahrnehmbare Zeichen, um mit seinesgleichen zu kommunizieren. Dass dies beim Kleinkind nicht der Fall ist, soll im Kapitel «Spracherwerb» näher dargestellt werden.

Dadurch, dass der Mensch in dem Organismus, mit dem er verbunden ist, einen mehr oder weniger festen, nicht mitmachenden Anker hat – das wird durch das «Mich-Empfinden» (11. Kapitel) ganz deutlich –, liegt es in seiner Macht, das Eingeprägte zu reproduzieren, es selber zum Ausdruck zu bringen oder auch nicht. Das ist die Grundlage seiner Freiheit. Daran, dass er diese «Schwere» oder «Trägheit» durch einen Prozess erhalten hat, der in jeder erwähnenswerten Tradition «Sündenfall» heißt, ist zu ersehen, warum dieser Fall von der Schöpfergottheit zugelassen, ja vorbereitet wurde.[19]

Wenn wir das Wunder des Nachahmen-Könnens im Sprachbereich noch einmal betrachten, so zeigt sich, dass sich die Wesensart des kleinen Kindes daran ablesen lässt. Wir hören etwas, einen Lautkomplex, durch das Ohr, aber geprägt werden dadurch die Sprachorgane. Rational ist dieses Phänomen kaum zu erklären. Man kann es jedoch als eine Reminiszenz des vorgeburtlichen Seins auffassen, wo Geprägtwerden zugleich Reproduzieren

ist: Das Geprägtwerden ist nicht durch einen physisch wahrnehmbaren Prozess, wie erklingende Laute, geschehen, sondern
rein geistig, durch die unvermittelte direkte Kommunikation;
wahrnehmendes und reproduzierendes «Organ» waren eins, als ob
Hören und Sprechen durch ein und dasselbe Organ geschähen.
Auf der Erde hat sich das passiv wahrnehmende Organ von dem
aktiven Organ des Reproduzierens getrennt. Dadurch geschieht
das Reproduzieren nicht zwangsläufig oder unwillkürlich.

Man ist in der Lage, das Gehörte erklingen zu lassen, obwohl
es keine Ähnlichkeit mit der Bewegung der Sprachorgane hat.
Außerdem sehen wir beim Hören nicht, was die Sprachorgane
des Sprechenden tun. Und selbst wenn wir eine gesehene Arm-
oder Handbewegung nachahmen, ist das ein kleines Wunder,
da wir auch dann den Mechanismus der Bewegung nicht wahrnehmen: Wir sehen nicht, was die Muskeln, die Nerven tun,
und doch sind wir ohne weiteres imstande, die Bewegung nach-
zuahmen. In jedem Fall findet das Nachahmen durch Vorstellen
statt, wir stellen uns das Gehörte oder Gesehene fast gleichzeitig
mit dem Ausführen – aber prinzipiell etwas früher – vor, und
dadurch werden die Sprachorgane, die Stimmbänder oder die
Gliedmaßen darüber «informiert», was zu tun ist. Es bleibt
jedoch physiologisch-physikalisch völlig unklar, wie die Vorstellung die physischen Organe beeinflusst. Auch wenn wir
selber sprechen, singen oder eine Gebärde ausführen, stellen wir
uns das Hörbild oder das visuelle Bild vor – und diese Vorstellungen haben keine Ähnlichkeit mit den Vorgängen in den
entsprechenden Organen. Auch lässt sich diese Nachahmungs-
oder Reproduktionsfähigkeit nicht auf Lernprozesse irgend-
welcher Art zurückführen, denn das Kleinkind kann auf Anhieb
nachahmen, mit der Genauigkeit, in der es wahrnimmt. Ein
guter Logopäde korrigiert den falsch erklingenden Laut nicht
an der Kehle, sondern beim Hören. Wird der Laut richtig
gehört, so kann er auch richtig zum Erklingen gebracht werden.
Der Erwachsene kann auch nie gehörte, nie vorher zum Er-

klingen gebrachte Laute oder Lautkomplexe auf Anhieb reproduzieren.

Die Sprachorgane scheinen dem Bewusstsein am nächsten zu stehen. Wie im Vorgeburtlichen die «Prägung» zugleich Ausdruck wird, fängt beim Kleinkind das Sprechen mit Nachsprechen an; dann emanzipiert sich das Bewusstsein, wird selbstständig und beginnt von sich aus zu sprechen.[20] Man könnte sagen: Wir hören nicht nur mit den Ohren, sondern auch mit den Sprachorganen.

Alle menschlichen Bewusstseinsgebärden – Denken, Erkennen, Erinnern usw. – haben ihre Wurzeln in der Identität, der Einheit mit allem und allen durch Identifizierung, Nachahmung, Aufmerksamkeit oder Liebe. Und was wir Hoffnung nennen – einschließlich derjenigen Thomas von Aquins, dass wir dereinst alles erkennen werden, was jetzt Inhalt des Glaubens ist – gründet darin, dass wir nicht für ewig voneinander Abschied nehmen, sondern die Einheit am Ende der Zeit wiederhergestellt wird und wir miteinander vereint werden, mit allem und allen, ohne unsere Einzigartigkeit aufzugeben. Die Meditation zu dieser Einsicht lautet: «Gott ist Liebe» (1. Joh. 4,8). Aber wir müssen durch die Erfahrung der Hoffnungslosigkeit gehen und diese Verheißung für eine Zeit vergessen. Das «Nie mehr» in Bezug auf Menschenbegegnungen existiert aber nicht.

Meditationsthema:
8. Im Hören ist das Reproduzieren mitgegeben.

8.
Die Sinne

Die einzelnen Sinnesbereiche entstehen aus dem Ursinn: Das ist der ganze Mensch als Kleinkind in seinem prägbaren Wesen. Man könnte den Ursinn mit der einheitlichen, noch nicht nach Sinnesbereichen spezifizierten Aufmerksamkeit identifizieren und diese als umgekehrten Willen bezeichnen.[21] Der enthält noch, was sich später als erkennendes Fühlen und Denken aus ihm herausgliedert. Solange nur der Ursinn wirksam ist, kann der Mensch zwischen den Regungen durch die verschiedenen Sinne nicht unterscheiden, was bedeutet, dass das Kleinkind in dieser Phase der Entwicklung nicht unterscheiden kann, ob es hört, sieht oder schmeckt, denn alles mündet in ein wollendes Fühlen, fühlendes Wollen ein. Der Ursinn wird normalerweise durch die Umgebung «belehrt», aus der Willenswirkungen unterschiedlicher Qualitäten herankommen und dadurch langsam den empfangenden Willen differenzieren. Man kann leben, ohne dass alle Sinne wirksam wären, und blind geborene Menschen empfinden keinen Mangel, denn der Ursinn ist immer auch durch alle differenzierenden Sinnesbereiche wirksam und kann einen, manchmal – wie bei Helen Keller – zwei fehlende Sinne ersetzen.

Die einzelnen Sinnesbereiche entstehen durch selektive Einschränkung der Aufmerksamkeit, die im Anfang des Lebens global als Ursinn wahrnimmt. Das Kleinkind «lernt» die Sinnesbereiche zu unterscheiden, indem die Aufmerksamkeit sich selektiv auf einen Sinnesbereich konzentriert und die Eindrücke aus anderen Bereichen ausklammert. Das ist notwendig, um die Sinne zu differenzieren, denn die gegebene Wahrnehmungswelt spricht höchst selten nur einen Sinn an.

Wie kommt das Hören von Lauten zustande? Erst muss das Hören selbst aus dem Urwahrnehmen – dem prägbaren Willen und globalen Fühlen – herausgetrennt werden; die allgemeine, umfassende und unstrukturierte Aufmerksamkeit wird geteilt, und ein Teil wird selektiv eingeengt auf das Hörbare. Der Wortsinn entsteht durch weitere Einschränkung innerhalb des Hörsinns. Das Kind «lernt» von der Qualität der Stimme, von der sprechenden Person abzusehen und allein auf das *was* zu achten, nämlich auf die spezifische Form der Worte. Diese Belehrtheit, eine selektive Aufmerksamkeit innerhalb des Hörens, kann Wortsinn genannt werden. Zunächst hört das Kind Worte, nicht Laute. Der Lautbegriff ist eigentlich Ergebnis einer analytischen Betrachtung des Wortes und ist zusammen mit der Buchstabenschrift entstanden, also verhältnismäßig spät. Entsprechend sind die Laut- und Buchstabentheorien (Kabbala und die Sanskrit-Lehre über die 51 Laute) erst um das 10. Jahrhundert entstanden.

Der Denksinn kommt durch weitere Belehrung der Aufmerksamkeit zustande: Das Kind lernt von den einzelnen Wörtern in gewissem Sinne abzusehen und auf die Bedeutung des Satzes zu achten. Das ist wieder eine selektive Einschränkung der Aufmerksamkeit. Wie das Kind die Bedeutung der Wörter «verstehen» lernt, findet sich in dem Kapitel «Spracherwerb» beschrieben. Das Kind denkt zunächst in Sätzen. Der Satz, auch wenn er nur aus einem einzigen Wort oder Laut besteht, ist die Ureinheit der Sprache: Er ist *das*, was gesagt werden soll. Insofern das Kind denkt, denkt es zunächst in der Muttersprache. In diesem Alter sind Denksinn und Sprachsinn noch eine Einheit, und ihre Trennung ist wohl eine der letzten Schritte in der Bildung der Sinnesbereiche. Danach werden eventuell die einzelnen Sinne für verschiedene Künste oder auch Wissenschaften und Berufe gebildet, auf ähnlich einschränkende Weise wie die Sinne im Allgemeinen. Sinn ist demnach belehrte, eingeschränkte Aufmerksamkeit und ein Organ, das nur für die durch die Einschränkung entstandene ausgewählte Qualität durchlässig und empfindlich ist. Nach der

Belehrung spricht der Sinn auf das Belehrte an, für neue Elemente (z.B. beim Denksinn im Falle eines Gedankens, der einem zum ersten Mal begegnet) muss der Sinn durch aktives Erkennen «belehrt» werden (ein neuer Gedanke muss erst denkend verstanden werden).

Besinnungsthema:

11. Welche Sinne kennen wir, wenn unter Sinn eine Funktion verstanden wird, durch die ohne aktuelle Verstandestätigkeit Bewusstseinsinhalte entstehen können?

Meditationsthema:

8. Die Aufmerksamkeit ist stoff- und formfrei.

9.
Spracherwerb

Wie das Kind sich die Zeichenseite der Sprache aneignet, wurde in den vorangegangenen Kapiteln dargestellt. Nicht weniger rätselhaft – durch geisteswissenschaftliche Forschung aber feststellbar – ist, wie es die Bedeutungen der ersten mehreren hundert Wörter oder die implizite Grammatik im Sprechen findet und anwendet, ohne im Sinne des Erwachsenen denken zu können.

Am Anfang kann man die Bedeutungen nicht erklären – und tut es auch nie, einerseits weil die Erklärungen für das Kind nicht verständlich wären, andererseits weil wir sehr viele sprachlich gegebene Wörter gar nicht erklären könnten (z.B. «aber»). Hier hilft auch kein «Zeigen». Die zeigende Gebärde als Grund des Wortverstehens wurde von Augustinus beschrieben – und diesbezüglich hat der sonst so tiefe und scharfe Denker gewaltig geirrt. Seither ist diese Ansicht oft wieder aufgegriffen worden. Sie ist aber grundlegend falsch. Erstens setzt sie voraus, dass das Kind die zeigende Gebärde versteht, das heißt dass es in die Richtung der Verlängerung des zeigenden Fingers zu blicken hat; zweitens dass es erahnt, worauf gezeigt wird. Wenn wir zum Beispiel auf einen runden, braunen Holztisch mit glatter Oberfläche zeigen, müsste das Kind irgendwoher wissen, ob wir auf den Kreis, auf die Flachheit, auf die Farbe, auf das Holz oder auf die Ganzheit des Tisches deuten. Es gibt auch viele Wörter, die überhaupt nicht zeigbar sind, wie Bindewörter, Adverbien, viele Adjektive, Wörter, die sich auf Bewusstseinsprozesse beziehen und Ähnliches, wie «obwohl», «jetzt», «schön», «verstehen» und so fort.

Die Bedeutung der Sätze und Wörter ist im Sprechenden eine

Realität, anhand deren er die Wörter und auch die grammatischen Wendungen findet – das Allererste von einem Satz. Diese Wirklichkeit ist dem Kind durch das erkennende Fühlen unmittelbar und unvermittelt («Urkommunikation») zugänglich: Seine empfangende Aufmerksamkeit erreicht die Sprechintention des Redenden.

Der Weg des Kindes ist in dieser Hinsicht im Vergleich zu dem des Erwachsenen umgekehrt. Ein Satz kann so vorgestellt werden:

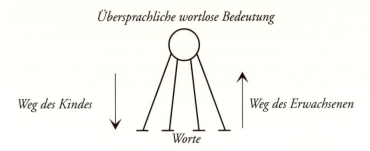

Der Erwachsene gelangt durch das Verstehen der Wörter zur überworthaften Bedeutung des Satzes. Diese ist es, die der Übersetzer im «Niemandsland» erreichen muss, um sinngemäß übersetzen zu können. Das Kind begreift durch die zeichenlose Urkommunikation die Bedeutung des Satzes und kommt dadurch zur Bedeutung der Wörter. Die Fähigkeit der lautlosen, zeichenlosen Urkommunikation stammt, wie erwähnt, aus dem Vorgeburtlichen. Sie spielt in der heutigen Zeit auch im Gespräch der Erwachsenen eine große Rolle: Wir würden sonst kaum einen neuen Gedanken verstehen können, der uns in altbekannte Wörter gekleidet begegnet, wo also diese Wörter in einem neuen Sinne verwendet werden.

Als Erwachsene lassen wir die Wörter leicht ohne das entsprechende Erleben erklingen. Wir sagen Liebe, Gefühl, Gefahr, ohne dass wir Liebe, Gefühl, Gefahr erfahren würden: Die Worte ersetzen Erfahrungen, sie deuten nur auf diese hin. Beim Kleinkind bringen Wörter und Sätze zunächst die Erfahrung ihres Sinnes mit – diese Erfahrung ist eben das Verstehen des Textes. Das Gestimmtsein auf Sinn ist eine aus dem Vorgeburtlichen mitgebrachte Fähigkeit; durch Einfluss der Umgebung wird aus ihr eine spezifische Sprachfähigkeit. Jeglichem Sprechen liegt Absicht, d. h. Wille zugrunde. In diesem ursprünglichen Willen ist wie aufgelöst und verborgen der Inhalt der Rede und auch das Fühlen, das die Bewegung und das Funktionieren der Sprachorgane steuert, ohne ein Eingreifen des Alltagsbewusstseins. Diesen Willen wird das Kind – im Sprechenden – unmittelbar gewahr, *darin* besteht die erwähnte Erfahrung. Der fremde Wille wird zum eigenen und bewirkt die entsprechende Bewegung der Sprachorgane und auch das Verstehen. Anders ist nicht zu erklären, woher die Sprachorgane wüssten, was sie zu tun haben, um das Gehörte zu reproduzieren. Der fremde Wille wird durch den empfangenden umgekehrten Willen zum eigenen. Sowohl im Redenden als auch im Vernehmenden sind dieser Wille und die Tatsache der «Prägung» überbewusst.

Das Verstehen des Kleinkindes ist daher keineswegs eine Sache des Denkens, sondern vielmehr des umgekehrten empfangenden Willens oder Fühlens, und der Weg zum Denken führt durch sie. Das Denken des Kindes ist auch nicht das Gleiche wie das des Erwachsenen: Es ist viel lebendiger, durchtränkt mit Fühlen, hat Erfahrungs- und nicht Vergangenheitscharakter. Diese Art Denken bringt Strukturen im Gehirn hervor, während das übliche Denken des Erwachsenen dieselben Strukturen als Hilfsgerüst oder Spiegelfläche gebraucht, sie beim Denken, das nicht intuitiv ist, in Anspruch nimmt und von ihnen beeinflusst wird. Neues intuitiv denken kann der Erwachsenen nur *entgegen* den bestehenden Strukturen. Die ersten Denkschritte wie auch die ersten Schritte im Sprechen geschehen noch ohne die später benutzten Strukturen: Sie werden durch diese Anläufe erst gebildet.

Besinnungsthema:

12. Was ist die Voraussetzung für das Vergleichen einzelner Sprachen und/oder für die Beschreibung ihrer Grammatik?

Meditationsthemen:

9. Nur Sinn kann kommuniziert werden.
10. Um Sinnloses feststellen zu können, muss bekannt sein, was «sinnvoll» heißt.

10.
Begriffsbildung

Wenn im Hinblick auf das Kleinkind von einer prägenden Willenseinstrahlung gesprochen wird, so ist der Ausdruck «Wille» schon eine Übersetzung der entsprechenden Wirklichkeit in das menschlich Bekannte, ein Kompromiss, da wir für jene kommunikative, bedeutungsartige Realität kein Wort haben. Die Einstrahlung im Vorgeburtlichen kann nur andeutungsweise «Wille» genannt werden. Jedenfalls ist diese Einstrahlung differenziert und als Lichtwesen – mitteilende Kraft – prägt sie den Empfangenden so, dass er für das Einstrahlende gemäß seiner Differenziertheit Organe entwickelt. So kommen die Sinnesbereiche zustande, zunächst der Ursinn, ein «Fühlen» (der Ausdruck ist ebenso ungenau wie das Wort «Wille»).

Die Sinnesbereiche trennen sich nach und nach.[22] Im Entstehen der Sinnesbereiche und innerhalb ihrer Qualitätswahrnehmungen spielen die Muttersprachen eine große Rolle, da sie die Sinnesbereiche durchaus unterschiedlich strukturieren.[23]

Damit das Geprägtwerden zur Erfahrung wird, muss, wie erwähnt, auch ein Widerstand dagegen vorhanden sein, etwas, das die Prägung nicht mitmacht: So wird das Intervall zwischen Prägung und Nicht-Geprägtwerden erlebbar. Dieser Anker wird dem Menschen in seinem Organismus gegeben, mit dem sich die Geistseele teilweise identifiziert.[24] So wird sie zum Teil «verankert» und dadurch erfahrend. Durch innere Schulung kann der Mensch den gegebenen körperlichen Anker durch einen anderen zu ersetzen lernen, der aus der Aufmerksamkeit selbst besteht.

Ist der «umgekehrte Wille» eine Bezeichnung für die verstehen-

39

de Prägbarkeit oder das empfangende Wesen, so kann man sagen, dass aus diesem Wesen durch gesteigerten Widerstand das Fühlen entsteht. Fühlen ist viel bewusster als das Geprägtwerden. Wächst der Widerstand weiter, so entsteht aus dem Fühlen das Denken, namentlich das empfangende Denken, das man auch intuitiv nennen kann und das in der Begriffsbildung tätig ist. Das alltägliche Denken arbeitet mit den schon fertigen Begriffen, schreitet vom einen zum andern und verbindet sie dadurch.

Das Denken selbst – das durch das Alltagsbewusstsein nicht erfahrbar ist – ist eine Kontinuität. Wo diese unterbrochen wird, wo das Denken zum Stillstand kommt, entsteht ein Begriff. Die Begriffe haben eine Geschichte, sie werden im Verlauf der Bewusstseinsentwicklung immer «enger», eingeschränkter, dafür aber auch schärfer, präziser. Das Sprechen und das Denken in der Sprache kommen im Kleinkind aus der Notwendigkeit zustande, mit den Erwachsenen zu kommunizieren – die die Fähigkeit, unmittelbar zu kommunizieren, schon verloren haben. Die Diskontinuität des Denkens wird durch die Muttersprachen induziert – jede menschliche Sprache ist diskontinuierlich, besteht aus einzelnen Wörtern und Sätzen. Das Denken kristallisiert sich um und an den Zeichen, und so bilden sich im fließenden Denken Festkörper, vielleicht zunächst halbfest, gallertartig, jedenfalls einzelne aus der Flüssigkeit herausstrukturierte Teile. Diese Gebilde sind schon Begrifflichkeiten, nur viel umfangreicher, «größer» an Bedeutung als diejenigen des heutigen Erwachsenen.[25] Sie sind auch viel unschärfer. Sie strukturieren die äußere und innere Welt, je nach Sprache unterschiedlich, da sowohl der Wortschatz wie auch die Grammatik der Sprachen verschieden sind; auch im Hinblick auf die Innenwelt ist die Strukturierung zunächst sprachabhängig. Die Wörter «immerhin», «gar» und «doch» lassen sich in anderen Sprachen kaum wiedergeben. Es ist bekannt, dass sich das Kleinkind zuerst die Oberbegriffe, die großen Begriffe aneignet oder bildet: Das erste Tier, dem es begegnet, steht mit seinem Namen für «Tier»; wenn es eine Katze ist, dann ist eine Zeit lang jedes Tier

«Katze»; die erste Farbbezeichnung steht für «farbig» oder «Farbig-keit» usw. Das ist aber nur ein Teil des Phänomens, denn diese ersten Begriffe sind noch tief in ein ihnen spezifisches Fühlen getaucht, aus dem sie wie ein Kristall aus der Mutterlauge hervor-gehen. Schon im Fühlen entstehen große, wie flüssige Einheiten als Vorspiel der Begrifflichkeiten, in die sie dann kontinuierlich übergehen, wie auch empfangender Wille, Fühlen, Denken konti-nuierlich ineinander metamorphosieren.[26]

Besinnungsthema:
13. Wie kann man das intuitive Denken als Prozess beschreiben?

Meditationsthema:
11. Unsere Begriffe bestimmen unsere Wahrnehmungen.
12. Was sind «Tatsachen»?

II.

Das Mich-Empfinden

Das Sein, Wesen, Leben des Menschen im Nachtodlichen oder Vorgeburtlichen ist in der verständnisvollen, sinnvollen, sinnvoll gegliederten Einheit mit der Welt – Welt der geschaffenen Archetypen der Schöpfung (oder Natur) und Welt der schaffenden und verstehenden Ich-Wesenheiten. Die Erinnerung oder das, was uns von dieser Welt im irdischen Leben bleibt, ist, was wir Sinn, Kommunikation, Verstehen nennen. Auf dem, was aus dem geistigen Sein als Fähigkeit geblieben ist, beruht das Sprechen, Erkennen, Erinnern, das Zwischenmenschliche in weitem Sinne. Im Spracherwerb – im Erfassen der Wortbedeutungen und der grammatischen Formen sowie im «Nachahmen» der Lautformen wirkt die aus der Einheitswelt mitgebrachte Urfähigkeit.

Das Ich-Wesen ergreift die Körperlichkeit zuerst durch die kommunikativen Gebärden: den Blickkontakt, das Lächeln, das Sich-Aufrichten, Sprechen usw. Durch ein wollendes Fühlen, fühlendes Wollen erfasst das noch überbewusste Ich-Wesen am Mitmenschen, wie die Sprachorgane funktionieren, wie ein Lächeln entsteht und, indem es dies reproduziert, erfasst es zugleich, wie es im eigenen – aber noch nicht als eigen erlebten Körper – funktionieren soll. Durch die unmittelbare zeichenlose Kommunikation werden die Bedeutungen der Wörter und der Grammatik – überbewusst – erfasst. Bis dahin bleibt alles auf der Ebene des ursprünglichen Kommunizierens und wird dem Kleinkind, das sich auf der Erde zunächst in dieser Einheit erlebt, nicht bewusst.

Der Beginn des Sprechens in der ersten Person kennzeichnet einen tief greifenden Wechsel, den Anfang des Heraustretens, der

Heraustrennung aus der kommunikativen Einheit und zugleich der Veränderung des Verhältnisses zur Körperlichkeit, die nun nach und nach als eigene erlebt wird. Eine sich-empfindende Hülle beginnt sich um den Körper herum (aber auch innerhalb des Körpers) zu bilden, bestehend aus den fühlenden Erkenntniskräften, die in der Urkommunikation und ihrer Fortsetzung im Irdischen wirksam waren.[27] Diese Hülle ist es, die das Kind aus der urkommunikativen Welt heraustrennt und es hineinführt in die dualistische Welt: Ich und das Andere. Dieses Ich-Gefühl kann später beobachtet werden, das heißt, es kann Objekt der Aufmerksamkeit werden, und damit eröffnet sich die Möglichkeit einer inneren Entwicklung zum wahren Selbst.[28]

Um etwas erfahren zu können, muss eine Bewusstseinskraft da sein, die sich mit dem zu Erfahrenden identifiziert, und zugleich auch ein Widerstand, ein Teil der Aufmerksamkeit oder Bewusstheit, der sich im Erkenntnisakt nicht identifiziert – und dadurch sein Zeuge sein kann. Damit der «Anker» des Organismus ein wirksamer Bewusstheitswiderstand wird, muss sich ein Teil der Aufmerksamkeitskraft an den Organismus binden. Das ist die positive und notwendige Rolle der mich-empfindenden Hülle, die sich (außen und innen) am Körper bildet. Sonst bliebe der Mensch in einem traumhaften Mitleben.

Zunächst wird die Mich-Empfindung einerseits als «Körpererfahrung», andererseits als Ich-Erfahrung gedeutet. In Wirklichkeit empfindet man nicht den Körper oder die Körperteile, sondern die Empfindungshülle. Diese – gewöhnlich Egoität genannt – kommt durch zwei Wirkungen zustande. Die eine ist die Einstrahlung der egoistischen Umgebung, der das Kind «nachahmend», d.h. geprägt folgt; die andere ist darin zu sehen, dass das Kind Situationen, Dingen, Begriffen und Wörtern begegnet, die nicht oder nur schwer mit dem Fühlen zu verstehen sind. Das ursprüngliche erkennende Fühlen des Kleinkindes kann sich nicht in sie hineinbegeben. So zum Beispiel, wenn es einen Wutausbruch seitens der erwachsenen Umgebung erlebt: Dieser will ja nichts mitteilen und ist insofern sinnlos. Das erkennende Fühlen des Kindes kann damit nichts anfangen, prallt von ihm ab, wird zurückgewiesen und bildet, in sich selbst zurückgebogen, eine geschlossene Form aus, die daher nicht mehr erkennend oder kommunikativ ist.[29] Dasselbe geschieht, wenn die Wut latent bleibt – denn für das Kleinkind ist der Erwachsene durchfühlbar. Ähnliches geschieht bei der Begegnung mit allem, was nicht oder schwer fühlbar ist, weil es nicht Ausdruck eines Sinns ist, sondern nur der Nützlichkeit dient. Vor der Bildung der Egoität versteht das Kind nicht, was «nützlich» heißt.

So erscheint und wächst im Kind – und in der Welt – das keineswegs ursprüngliche Reich des Nichtkommunikativen. Die Kommunikation in der so entstandenen dualistischen Welt ist ein Versuch, die urkommunikative Einheit wiederherzustellen.[30]

Mit dem Mich-Empfinden tritt das Nichtkommunikative auf den Plan – das ist das Wesen der Egoität – und erobert die Menschenwelt als das Prinzip der Nützlichkeit.

Besinnungsthema: 14. Was ist früher da, Zeichen oder Bedeutung?

Meditationsthema:
13. Wie hängt die Zeichenwelt mit dem Nichtkommunikativen zusammen?

Solange die mich-empfindende Hülle noch nicht besteht, bewegt das Kleinkind den Körper einerseits durch den Empfindungsleib – gewissermaßen in Reaktion auf äußere und innere Wahrnehmungen (Hunger, Kälte, körperliche und seelische Zustände) und andererseits zur Kommunikation (Blickkontakt, Lächeln, Streicheln und im Sprechen, auch nicht-verbaler Art). Durch die kommunikativen Gebärden (Sich-Aufrichten und Gehen gehören dazu) wird der Körper ohne Mich-Empfinden von der Geistseele ergriffen. Der Prototyp dieses ersten Ergreifens ist das Sprechen. Keine Körperempfindung geht damit einher – wir wissen nicht, wie sich die Sprachorgane bewegen. Weder der Bewegungssinn noch der Lebenssinn funktionieren bei diesen Bewegungen – sie werden aus dem Überbewussten gelenkt, ohne Beteiligung des irdischen Bewusstseins. Dieses ist mit dem Inhalt der Rede beschäftigt. Die genannten Sinne (teilweise auch der Gleichgewichtssinn) beginnen richtig zu funktionieren, wenn sich die Mich-Empfindung bildet. Dann kann der Mensch intendierte nicht-kommunikative Bewegungen ausführen. Menschen, bei denen diese Hülle nicht richtig entwickelt ist, verfügen auch nicht richtig über ihren Körper, sie «fühlen» ihn nicht; auch Temperatur- und Schmerzempfindungen fehlen oder sind reduziert, so z. B. bei Menschen mit schwerem Autismus und bei manchen anderen «Behinderten».

Die Mich-Empfindung – es wird hier der Akkusativ gebraucht, da diese Empfindung beobachtbar, d.h. *Gegenstand* einer Aufmerksamkeit ist – ist das erste Ich-Bewusstsein des Menschen; Steiner nennt es des Öfteren «verfrüht», weil es nur ein Ersatz für das wahre Ich- oder Selbstbewusstsein ist. Dieses wäre die Selbsterfahrung der Aufmerksamkeit, und sie kann erst – wenn der Mensch sich gesund entwickelt – um das 21. Lebensjahr herum aufleuchten. Aber gewöhnlich hält der Mensch das Mich-Empfinden für sein Ich-Wesen – eine tragische Verwechslung, gegen die alle spirituellen Traditionen gekämpft haben, so wie sie auch alle ihr wichtigstes Ziel in der Entwicklung zum wahren Ich erblickt haben.

Es gibt Menschen, bei denen die Mich-Empfindung schwach und/oder nicht regelmäßig gebildet ist (Autisten, ADD- und ADHD-Kinder). Fehlte die Hülle völlig, so wären folgende Symptome zu erwarten:

– Mangelndes Körpergefühl, zeitweilige oder andauernde Unfähigkeit mit dem Körper umzugehen, insbesondere Schwierigkeiten mit der Willensmotorik.

– Offenheit zu den überbewussten Quellen hin, Kreativität.

- Offenheit gegenüber anderen Menschen, Wahrnehmung ihrer Gedanken und ihres Gefühlslebens ohne Vermittlung durch Zeichen: «Hellhören».
- Schwaches Persönlichkeitszentrum.

Alle diese Eigenschaften werden bei Autisten (und durch sie selber) sowie bei anderen Unregelmäßigkeiten der seelisch-geistigen Entwicklung vielfach beschrieben.[31]

Wenn wir im Alltag unsere Hände und Arme, beim Turnen fast alle Körperteile bewegen, können wir das Mich-Empfinden mitschwingen fühlen, und eben dadurch nehmen wir die Bewegung wahr. Weil wir sie uns vorstellen, können wir sie durch den Bewegungssinn ausführen. Auf diese Weise haben wir den Eindruck, dass die Körperteile wie *von innen* bewegt werden, eben durch die mich-empfindende Hülle. Das ist bei den Ausdrucksbewegungen (Sprechen, Zeigen, Mimik, Lächeln usw.) erfahrbar anders. Wenn wir sie ausführen, empfinden wir uns nicht und meistens wissen wir auch nicht, wie wir den Körperteil bewegen. Wenn man sich z. B. beim Sprechen (im Nachhinein) beobachtet, stellt man fest, dass die Sprachorgane nicht durch bewussten Willen, sondern durch die Sprechintention – den Inhalt der Rede – bewegt werden und dass die Aufmerksamkeit mit diesem Inhalt beschäftigt ist; ein Selbstempfinden ist damit nicht verbunden. Daher ist es nicht übertrieben zu sagen: Die Sprachorgane werden wie *von außen* bewegt – deshalb entsteht keine Empfindung und auch der Bewegungssinn schweigt. Wenn die mich-empfindende Hülle nicht entsprechend entwickelt ist, hat der heutige Mensch Probleme, seinen Leib zu regieren, was sich bei manchen Körperbehinderungen und beim Autismus zeigt.

12.
Spracherwerb und Mich-Empfinden

Der Mensch wird aus einer Welt der unmittelbaren – zeichenlosen – Kommunikation geboren, und der Geborene bleibt noch lange in intensivem Kontakt mit ihr. In diesem Verbundensein besteht zunächst die Bewusstheit des Kleinkindes. Die Verbindung bleibt in abgeschwächter Form, mit Unterbrechungen, das ganze Leben hindurch bestehen, aber das Bewusstsein entfernt sich davon, und so wird sie zum überbewussten Teil der Menschenwesenheit, in der die spezifisch menschlichen Fähigkeiten ihre Quelle haben. Das irdische Bewusstsein beginnt, und die Welt der Objekte – und des Subjekts – erscheint in dem Augenblick, wo die bewusstseinsmäßige Einheit – Identität – mit dem «Erlebten» aufhört. Man kann eigentlich im Hinblick auf das Einheitsbewusstsein gar nicht von «Erlebnissen» oder «Erfahrungen» sprechen, denn dazu gehört schon, was vorangehend «Widerstand» oder Distanz genannt wurde. Wir haben keinen Ausdruck für diese Art des Zusammenlebens mit der Welt – gar nicht treffend wird er in der Ethnologie manchmal «partizipierendes Bewusstsein» genannt. Indem es in der Einheitswelt lebt, nimmt das Kleinkind die Sprache, die Bedeutung der Sätze, der Wörter, der grammatischen Formen in sich auf. Die Einheit wird durch die Bildung der mich-empfindenden Körperhülle sukzessiv, in dem Maße, wie diese immer undurchdringlicher wird, beeinträchtigt und letztlich fast aufgehoben; nur in den besonderen Augenblicken der Intuition, der Geistesgegenwart oder des Verstehens blitzt sie, meist unbemerkt, wieder auf. Das Kind hat von Anfang an Menschen um sich, die größtenteils nur durch Zeichen kommunizieren können, und so muss es sich an diese Art des Austauschs anpassen.

Bei der «Anpassung» spielen die noch verbliebene unmittelbare Kommunikation und die sich bildende Mich-Empfindung eine antagonistische Rolle. Je stärker das Mich-Empfinden wird, desto weniger kann das Einheitsbewusstsein wirken, aus dem das Kind das direkte «Wissen» in Bezug auf die Zeichen und ihre Bedeutung schöpft. Zunächst sind Zeichen und Bedeutung gar nicht getrennt – das Kind erlebt mit den Zeichen die Bedeutung.

Die Kinder, bei denen das Einheitsbewusstsein lange mitklingt – man könnte sie Parzival-Kinder nennen, denn so wird der junge Parzival beschrieben –, sind verträumt. Ihre Wörter und Begriffe enthalten noch viel von der großen Urbedeutung, wie sie von Menschen früherer Kulturen gebraucht wurden, ebenso die grammatischen Wendungen. Die früh ich-sagenden Kinder sind meistens wacher, klüger, können früher so sprechen und denken wie die Erwachsenen. Diese Aufgewecktheit wird meistens von Zeiten des alten Identitätsbewusstseins unterbrochen, zum Beispiel wenn sie Märchen hören. Es lässt sich gut beobachten, wie sich das tiefe, gefühlsdurchtränkte Erleben der Wörter bei frühreifen Kindern in kombinierende Klugheit verwandelt. Zugleich tritt bei ihnen eine endogene Angst auf, die sie auf verschiedene äußere Umstände projizieren. Diese – erste – Angst ist das Ergebnis der Heraustrennung aus dem Weltganzen, des Verlierens der Urkommunikation. Auch die Einheit mit der Umgebung geht verloren. Die Kinderpsychologie bezeichnet dies als die erste Trotzphase. Die Angst – «Urangst», die gleichzeitig mit der Egoität auftritt – betrifft zunächst den Körper, es ist die Angst, dass etwas mit ihm geschehen könnte. Dabei handelt es sich natürlich um die Empfindungshülle, die sich um den Körper gebildet hat, nicht um den Körper selbst. Diese Angst bleibt auch beim Erwachsenen erhalten, oft in der Form eines Sich-unwohl-Fühlens, das nur gelegentlich in Angst umschlägt. Die Angst ändert sich beim Erwachsenen in eine Ängstigung um das Verlieren von Formen, Fixationen, die rein seelisch sind. Beim Kind und auch beim Jugendlichen ruft die Angst Versuche hervor, die Einheit wiederherzustellen: das Suchen nach

Liebe, Erkenntnisstreben, Gruppenbildung usw. Durch diese Ziele kann sich die Wunde der Getrenntheit zeitweilig schließen. Ist das Mich-Empfinden zu schwach, so wird es durch Widerstand, Trotz, Selbstbehauptung gesteigert, und die Angst wird dadurch versteckt. Unterschwellig jedoch wächst sie durch solches Verhalten, und so entsteht ein Teufelskreis: Angst – Trotz – Angst …

Im Zeitalter der Bewusstseinsseele verändert sich für den Erwachsenen bzw. für den Jugendlichen nach der Pubertät die Möglichkeit, diesen Kreis aufzulösen. Jeder trägt die Möglichkeit des Schöpferischen in sich, der «zweiten Liebe», die ein noch nicht Existierendes «ins Dasein liebt». Das entspricht dem Grundimpuls des Guten, mit dem der Mensch geboren wird. Durch die Struktur der Sprachen – Bedeutung und Zeichen – wird das dualistische Weltbild des Erwachsenen gewissermaßen vorgezeichnet. Zum dualistischen Erleben kommt es jedoch nur mit der Bildung der Egoität. Bis dahin werden die Zeichen als einig mit der Bedeutung erfahren, so dass der Sprechende und der Zuhörende mit dem Text den Sinn oder die Bedeutung des Textes *erleben*. Voraussetzung für diese Art des Spracherlebens ist, dass mit dem Zeichen der Sinn in das Fühlen eingeht. Im Fühlen gibt es keine Dualität.

Das erkennende Fühlen nimmt in dem Maße ab, wie sich das Mich-Fühlen im Kind entwickelt. Das ist die positive Seite der mich-empfindenden Hülle, dass sie die Geistseele partiell aus der geistigen Einheitswelt heraustrennt und ihr eine vorläufige Selbstständigkeit oder Unabhängigkeit sichert. Mit dem Heraufkommen des Unterbewussten und dem übermäßigen Anwachsen der Egoität geht diese Selbstständigkeit jedoch zum größten Teil verloren.

Wir haben das Leben im Vorgeburtlichen oder Nachtodlichen als Kommunikation beschrieben (6. Kapitel). Ebenso gut könnte es auch als ein Leben der Liebe oder der Sympathie im geistigen Sinne gekennzeichnet werden. Denn Kommunizieren bedeutet dem Anderen Aufmerksamkeit schenken im aktiven Sprechen und im Zuhören. In der geistigen Welt sind die beiden irdischen Hälften –

Sagen und Hören – noch eins, das ist das geistige Sein, das, wie auf der Erde das Fühlen, keine Qualität kennt. Es könnte auch die Urliebe genannt werden. Ihr irdisches Spiegelbild ist die «erste Liebe», die die Trennung zu überbrücken strebt und dadurch zur Triebkraft der Kommunikation auch im Dualistischen wird, einer Kommunikation durch Zeichen und Sinn, durch Ausdruck und Vernehmen. Das Mich-Empfinden oder die Egoität zeigt demgegenüber das Gegenteil der Liebe: Sie ist nicht kommunikativ, sondern bewirkt vielmehr die Trennung, wodurch sie als erstes Objekt für die Aufmerksamkeit erscheinen kann. Alle anderen Objekte gehen aus der Urtrennung hervor. Die Liebe wird zur Selbstliebe.

Deren Objekt-Natur wird erst spät, im Zeitalter der Bewusstseinsseele, wahrgenommen. Die Egoität spricht nicht. Sie ist ihrer Natur nach das Gegenteil des Kommunikativen, schließt sich vor und von dem Anderen ab, hält geheim, verrät nicht, führt sogar irre. Lange Zeit hat sich die Menschheit für ihre Egoität geschämt und sie als Resultat des Sündenfalls angesehen, bis diese um die Wende vom 18. zum 19. Jahrhundert durch die Wirtschaftstheorien des frühen Kapitalismus (A. Smith und J. St. Mill) legitimiert und in der Folge als angeborene Menschennatur angesehen wurde.

Besinnungsthema:
15. Warum brauchen wir Zeichen, um zu kommunizieren?

Meditationsthema: 14. Kommunikation ist Liebe.

Zusammenfassung

Man kann sagen: Das Kind ergreift seine Leiblichkeit auf zweifache Weise mit den Kräften, die aus dem vererbten Körper frei werden und dem jeweiligen Ich zur Verfügung stehen. Erst wird die Leiblichkeit anhand der Ausdrucksgebärden oder kommunikativen Gebärden ergriffen, wie Blickkontakt, Lächeln, Sich-Aufrichten, Gehen, Sprechen. Das geschieht mit dem sanften Willen, das heißt das Bewusstsein ist nicht mit der körperlichen Betätigung, sondern mit dem Inhalt der Ausdrucksgebärde beschäftigt und die Betätigung des Körpers oder Körperteiles geht ohne ein Mich-Empfinden vor sich. Erst später, mit der Entwicklung des Mich-Fühlens oder der Egoität wird der Körper durch die michempfindende Hülle für nicht-kommunikative Bewegungen mit dem harten Willen ergriffen, der immer – durch den Tastsinn – von einem Körperempfinden begleitet wird.[32] Auch jede Aggressivität (Herumschlagen, Selbstaggression, Zerbrechen, Schädigen, Schmeißen usw.) dient dazu, das Mich-Empfinden, die Leiblichkeit stärker zu fühlen. Hier sieht man deutlich: Wo die Aufmerksamkeit ist, da erlebt sich das Menschenwesen.

Bei schwerem Autismus geschieht schon das erste Ergreifen des Leibes durch Ausdrucksgebärden nicht oder wenigstens nicht mit normaler Intensität, und mit Sicherheit mangelt es an dem harten Willen (bzw. er tritt zusammen mit der Körperempfindung nur sporadisch auf). Die Herrschaft über den Körper ist auf jeden Fall eingeschränkt.

13.
Die spontane Religiosität
des kleinen Kindes

Die geistige Gestalt des Menschen ist so vorzustellen, dass seine Wesenheit vom Alltagsbewusstsein anfangend bis zur höchsten geistigen Sphäre reicht, aber nur auf der Ebene des Alltagsbewusstseins voll bewusst ist. Die spezifisch menschlichen Fähigkeiten, wie Denken, Erkennen überhaupt, absichtliches Erinnern, Ahnen und das Intuitive ragen wie von obenher – zu gewissen Zeiten – in die Bewusstheit herein. Die Bewusstheit des Kleinkindes sinkt nach der Geburt ziemlich schnell herab, das heißt die oberen Teile der Geistwesenheit werden bald überbewusst, wobei die Bewusstheit selbst noch lange nicht derjenigen des Erwachsenen entspricht: Die Geistwesenheit des kleinen Kindes ist – wie auch bei den Menschen einer archaischen Kultur – in Verbindung mit der Sphäre der Archetypen, das heißt mit der Sinn-Bedeutung der Dinge, der Natur, der Stoffe. Das bedeutet, dass die Wahrnehmungswelt kaum oder jedenfalls keineswegs in dem Maße wie beim Erwachsenen begrifflich strukturiert ist. Das Wahrnehmen, die wahrnehmende Aufmerksamkeit hat weitgehend fühlenden Charakter. Durch das Wahrnehmen erscheint die wollende-fühlende Strahlung der wahrgenommenen Welt. Das Kind nimmt – weil es keine Begriffe für das Wahrgenommene hat – sich wundernd und die Dinge bewundernd wahr. Das Einstrahlen der Welt wird im wahrnehmenden Kind zu fühlenden-wollenden Qualitäten; das sind weder subjektive Emotionen noch Erinnerungen oder Assoziationen, sondern es *sind* die wirklichen fühlbaren Wesenheiten der Dinge. Durch diese Art der Wahrnehmung wird auch der Körper geprägt.

Unmittelbar nach der Geburt beginnen die Kräfte aus der Leiblichkeit frei zu werden. Aus dem Kopf-System (das hauptsächlich im Kopf lokalisiert ist, sich aber durch die Nerven über den ganzen Körper ausbreitet) werden denkende-vorstellende, aus dem Empfindungsleib (der im vegetativen Nervensystem repräsentiert ist) erkennende-fühlende, aus dem physischen Leib Willenskräfte frei. Vor ihrem Freiwerden dienen diese Kräfte dem biologischen Leben und seiner Steuerung entsprechend dem Wahrnehmen.

Von ihrer anfänglichen Aufgabe entbunden, stehen sie dem menschlichen Ich zur Verfügung und werden als Intelligenz-Kräfte wirksam. Sie ermöglichen das «Lernen» und die Belehrbarkeit, beziehungsweise sie wirken als Willenskräfte des kleinen Kindes. Die Wahrnehmungswelt, die anfänglich als Bedeutungswelt unmittelbar mit dem geistigen Wesen des Kindes in Verbindung war, beginnt durch die freien Kräfte und durch die Sinnesorgane zu wirken, durch die entstehenden Sinnesbereiche und durch diese auf die seelisch-geistige Wesenheit des Kindes. Die Einwirkung dehnt sich durch die freien Kräfte auch auf den Organismus aus, weil in den frühen Jahren der Prozess das Freiwerdens noch nicht abgeschlossen ist: Was mit den Kräften geschieht, wirkt auf das biologische Leben zurück, aus dem die Kräfte stammen. Im Schlaf, wo sie mehr oder weniger wieder in den Organismus integriert werden, tragen sie die Einwirkungen in diesen hinein. Vorher ist es anders: Das Ich, das sich bis zum Alter von anderthalb bis drei Jahren noch nicht mit dem Körper, mit der Empfindungshülle um den Körper identifiziert hat – das Kind spricht noch in der dritten oder zweiten Person über seine Körperlichkeit, ist noch nicht in sie «hineingeschlüpft» –, lebt im Wahrnehmen und «arbeitet» von da aus entsprechend dem, was es wahrnimmt, an der Leiblichkeit, vor allem am zentralen Nervensystem, und durch dieses – da es noch viel lebendiger ist als im erwachsenen Alter – zugleich am ganzen Organismus. In dieser «Arbeit» am Leib scheint die Wirkung der Wahrnehmungswelt auf das Kind zu bestehen, das für sie viel sensibler ist als im späteren Alter. Die

Einwirkung geschieht größtenteils nicht durch die Sinne. Der ganze Organismus ist noch Sinnesorgan, Ursinn – Organ des empfangenden Fühlens und des umgekehrten formbaren Willens. Der wird durch den Weltenwillen – das Sosein – geformt. Weil die frei gewordenen Kräfte nicht gänzlich unabhängig sind, vermitteln sie an den Organismus das, dem sie ausgesetzt sind, von dem sie geformt werden. Die Wirkung auf den Organismus wird in dem Maße vermindert, wie das Wahrnehmen mehr und mehr durch die Sinnesorgane vor sich geht. Die unmittelbare Wirkung der Außenwelt nimmt ab, je mehr diese im eigentlichen Sinne zur «Außenwelt» wird, indem sie nun in den Sinnesorganen physische, chemische, im Gehirn auch elektrische Vorgänge entfacht. Dadurch verliert sich ein Teil der Einwirkung. Die Rolle der Sinnesorgane besteht eben darin, die Einwirkungen herabzulähmen, sonst würde der Mensch von ihnen allzu abhängig bleiben.[33]

Man kann die Sinneswelt (und auch die übersinnliche Welt) als Willensstrahlung auffassen[34] oder als eine Wirkung auf unser Fühlen. Kunstschöpfungen oder Naturschönheit wirken so auf unser Gefühlsleben. Alles, was gestaltet ist, auch in dem Sinne, dass es eine Qualität hat, repräsentiert einen Willen, der es gestaltet oder mit Qualität versehen hat. Im Hinblick auf Kunst und Technik ist der gestaltende Wille unschwer zu identifizieren. Für das archaische Bewusstsein und auch für das Kleinkind in einer bestimmten Entwicklungsphase sind die Dinge nicht einfach als Seiende da, sondern sie *geschehen*, sind Prozesse (sogar ein Felsen), und dieser Prozess, die bleibende Kontinuität der Dinge wird durch einen bewahrenden Willen aufrechterhalten. Diesen Willen bezeichnen Augustinus, Bonaventura und Thomas von Aquin als den Willen Gottes oder der Trinität, der die Welt «sieht» und sehen lässt durch das Licht, das das Ding selbst ist. Dieser Wille oder dieses Sehen hat sagenden, sprechenden Charakter und teilt dem archaischen und dem kindlichen Bewusstsein Inhalte, Gefühle mit, die mit Worten nicht wiederzugeben sind. Im Laufe der Bewusstseinsentwicklung verblasst die menschliche Sensibilität für den Willen, der die Welt aufrechterhält, und geht schließlich verloren: Die Dinge *sind* einfach – obwohl der philosophische Sinn dieses «Seins» gar nicht klar ist.

Dieser Wille wirkt von außen auf das «nachahmende» Kind durch die empfangende Aufmerksamkeit, durch den Filter der individuellen Auswahl. Die Wirkung betrifft den ganzen Organismus, und zugleich erfasst das Kind durch die fühlende Aufmerksamkeit die «Bedeutung» der Dinge, das Sprechende (den Logos-Charakter) in ihnen, ohne dass dies «Erkenntnis» genannt werden könnte. «Erkennen», «Religiosität», «Denken», «Wahrnehmen», «Bewusstsein» usw. sind Kategorien, die sich dem Reflexionsvermögen der Bewusstseinsseele verdanken. Denn nur dadurch, dass der Mensch auf sein Bewusstsein und dessen Leben blicken kann, sind diese Kategorien zu entdecken.

Wenn man ein Kleinkind oder einen Menschen archaischen Bewusstseins fragen könnte, ob sie religiös sind, ob sie «Glauben» haben, an Götter glauben, würden sie die Frage nicht verstehen. Denn für den archaischen Menschen und teilweise auch für das Kleinkind ist die Welt «sinnvoll», trägt und vermittelt Bedeutung. Das Wahrnehmbare der Welt ist Zeichen einer «Rede», das heißt Zeichen einer Bedeutung. Wo sich aber «Sagen», das heißt Bedeutung zeigt, dort ahnt oder erkennt die unvoreingenommene Seele auf natürliche Weise ‹jemanden›, eine Person als Quelle der Rede, der Zeichen und Bedeutungen. Die Religiosität der archaischen Völker (beziehungsweise das, was *später* Religiosität genannt wird) zeigt sich darin, dass sie in der Welt einen Sinn und seine Quelle, das heißt einen Sprechenden, sehen. Dieses Sehen dehnt sich auf alles aus: Jedes wahrnehmbare Ding, jeder Vorgang, jede Verrichtung ist ein Zeichen, das Bedeutung hat, das heißt, es ist lesbar und verständlich. Deshalb ist jedes Ding, jeder Vorgang, jede Verrichtung *sakral*, heilig – das Sein im Ganzen Schöpfung, Gewebe, «Text» von Zeichen und Bedeutungen. So besteht die Religiosität des Kindes und des archaischen Menschen nicht aus Gedanken oder Worten, nicht einmal aus Empfindungen – auch sie würden sich von dem Alltag, vom Leben unterscheiden. Alltägliches, Profanes in unserem Sinne existiert für das (ideale) archaische Bewusstsein gar nicht. Und es würde auch für das Kind nicht existieren, ließe ihm nicht die Welt der Erwachsenen das Bewusstsein einer völligen Profanierung des Lebens entgegenströmen.

Die Aufmerksamkeit des Kleinkindes ist auf die ihm gegebene Welt gerichtet, und das Kind lebt unter ihrer Wirkung in «Nachahmung», die von der Seite der Welt gesehen Einwirkung genannt werden kann: Das Kind wird zunächst ganz *das*, bis in die Körperlichkeit hinein, später nimmt es *das* wahr. Die Tatsache, dass es wahrnimmt, bedeutet: Es gibt ein keimhaft anwesendes Subjekt, das von und in der Wahrnehmung unabhängig bleibt. Beim Kleinkind ist die Quelle des Sprechens, das Ich, noch außerhalb des Organismus und empfindet sich außerhalb des Organismus (es identifiziert sich mit ihm ungefähr zu dem Zeitpunkt, wo es «Ich» zu sagen beginnt, wobei es eigentlich um die Empfindung der Leiblichkeit geht). Daher sucht das Kind auch die Quellen der Bedeutungen der gegebenen Welt, die Wesenheiten, «draußen» (außerhalb seiner selbst), ja, es hat keine andere Möglichkeit, weil das innere bewusste Leben erst um die Zeit des Ich-Sagens beginnt – bis dahin ist für den Sprechenden auch der eigene Körper «draußen», wo die anderen Dinge sind. Das Kleinkind ist im Ganzen eine Einheit von Geist, Seele und Leib. Es ist ganz «Sinn», und es lebt in der Einheit des äußeren und inneren Willens: Wenn es *will*, will es *ganz*, es gibt keinen anderen Gedanken, keine andere Empfindung, die den Willen beeinflussen würden: Es ist konzentriert. Das Ich hat noch kein von der Welt abgetrenntes «Eigenleben», wie es später mit dem Ich-Sagen oder der Bildung der Egoität eintritt; der Ursinn und das ganze Kind sind noch nicht selbstisch. Mit anderen Worten: Der Organismus ist noch ganz das Instrument des Geistes, vermittelt durch die Seele; man kann sagen: ein unvollkommenes Instrument, das vom Geist, vom Ich noch nicht gänzlich ergriffen wurde. Insofern sich das Ich, der Geist durch den Leib betätigt – die Aktivität stammt nicht aus dem Biologischen, aus dem Leben des Organismus, sie ist beispielsweise kein Reflex –, hat die Tätigkeit sakralen Charakter («Handlung»), ist religiöse Zeremonie, also ganz und gar *Ausdruck* des Ich, des Geistes in der Sinneswelt, Zeichen und ebenso sakral wie die Sinneswelt selbst in ihrer Gegebenheit.

Im Leben der archaischen Völker fand auf diese Weise jede Veränderung der gegebenen Natur durch den Menschen statt: Landwirtschaft, Viehzucht, Hausbau, die Handwerke und die kulturellen Tätigkeiten (Schrift) stammen aus dem Kultus. Sie haben als religiöse, das heißt nicht einfach nützliche Tätigkeiten ihren Anfang genommen und wurden später profaniert. Die Welt ist für den archaischen Menschen und für das Kleinkind Offenbarung. Das sinnlich Wahrnehmbare hat, weil es als mitteilender Wille erscheint, der auf seine personale Quelle verweist, eine religiöse Aura: das Wasser, die Farben, die Pflanzen sind daher heilig, wunderartig. Alles ist Wunder und Heiligkeit: das Leben, die Welt, das Sein. Dies gilt für das heutige Kleinkind nur mit Einschränkungen. Der Unterschied zwischen einem archaischen Bewusstsein und dem eines heutigen Kindes ist aus dem Grunde ziemlich groß, weil das Kleinkind heute in der Umgebung von Erwachsenen lebt, deren Bewusstsein sich von dem archaischen beträchtlich entfernt hat. Dadurch verliert das Kleinkind im Laufe der Entwicklung sehr bald das Gefühl der Heiligkeit in Bezug auf die Dinge, oder es bildet dieses Fühlen nur rudimentär aus, da in der seelisch-geistigen Entwicklung im Allgemeinen die Mentalität der Umgebung gespiegelt wird, wenn auch individuell verschieden. So kann man feststellen: Das Kleinkind lebt heute im Wesentlichen in zwei verschiedenen Bewusstseinsarten. In der ersten spiegelt sich die Tendenz zur Profanierung, wie sie in der erwachsenen Umgebung lebt; die andere ist die im Kleinkind leicht wachrufbare «religiöse» oder Märchenbewusstheit. Es ist bekannt, wie leicht sich ein Kleinkind in die Welt der Märchen hineinfindet, falls seine Fantasie nicht schon durch Fernsehen gelähmt worden ist. Das religiöse Bewusstsein steht dem Kind sehr nahe.

Und im Märchen hat ein jedes Ding, Tun und Geschehen «Bedeutung», genau so, wie es dem religiösen Bewusstsein entspricht.

Obwohl auch die meisten Erwachsenen gern gute und gut erzählte Märchen hören und dabei aus ihrem Alltagsbewusstsein heraustreten, durchdringt das Märchenbewusstsein doch nur selten den ganzen Menschen; im Hintergrund leuchtet ab und zu das alltägliche Bewusstsein auf, das Märchenbewusstsein ist wohltuende Entspannung – wird aber, anders als beim Kind, nicht ganz ernst genommen. Für das Kind ist die Welt der Märchen der Zustand, der ihm eigentlich entspricht, und so taucht es in das Märchen ganz ein.

Für das archaische und das kleinkindliche Bewusstsein ist im Extremfall alles gegeben, auch dasjenige, was für den heutigen Erwachsenen nur aus eigener Aktivität zustande kommt, wie z. B. Denken oder Erkennen. Was heute als Erkenntnisvorgang unabhängig von seinem Objekt und sogar von seinem Subjekt beobachtbar ist, war für das archaische Bewusstsein weder von seinem Objekt noch von seinem Subjekt getrennt. Der Vorgang des Erkennens war noch eins mit dem (späteren) Objekt und (späteren) Subjekt, und diese Einheit verlieh der (erkannten) Welt ihre Heiligkeit: Es war ein geistiger Vorgang, in dem der sprechende Wille und das Gefühl der Welt noch wirkten und erfahrbar waren. Das «Erkennen» gehörte noch zur Welt – daher war sie eine lichte Welt; zugleich wurde der geistige Vorgang vom Menschen erfahren – sofern man auf dieser Stufe überhaupt von «Erfahrung» sprechen kann. Richtiger wäre es zu sagen: Auch der geistige Vorgang war Teil der Gegebenheit, zusammen mit dem, was später zum Inhalt des geistigen Vorgangs, des Erkennens wird. In dieser Bewusstseinsstruktur gehört das Gegebenwerden zur «Erfahrung», ja, es spielt sogar die zentrale Rolle. Die Welt, das Sein ist Geschenk – wird gegeben. Diese Gefühlsfarbe – das Gefühl der Gegebenheit der Welt im Sinne einer Gabe – fehlt heute fast gänzlich im Gefühlsleben des Erwachsenen, abgesehen von den Ausnahmefällen und -situationen, wenn der Mensch zum Beispiel

durch Krankheit in seinem Wahrnehmungsvermögen eingeschränkt wird und es dann wieder voll erlangt. Dann kann in ihm
ein Gefühl der Dankbarkeit erwachen.[35]

Im spontanen Spiel des Kindes kann der einfachste Gegenstand,
das einfachste Geschehen religiösen Charakter erlangen, wenn der
Spielende sich in das Spiel wirklich vertieft. Ein Blatt, ein Stück
Holz, ein Kieselstein oder Sand können zu einer unerschöpflichen
Quelle des Fühlens werden, solange rationales Denken und Wahr-
nehmen in der Seele nicht vorherrschen.

Besinnungsthema:
16. Wodurch entsteht die spontane Religiosiät und was bewirkt
    sie?

Meditationsthema:
15. Die Einfachheit der Dinge ist durch ihre Bedeutung bewirkt.

14.
Das Ich und die freien
geistigen Kräfte

Im Menschen ist das Ich von Anfang an anwesend; das Ich-Bewusstsein entwickelt sich normalerweise im Alter zwischen anderthalb und drei Jahren. Vor diesem Zeitpunkt ist das Ich eine überbewusste Fähigkeit, nämlich die der Aufmerksamkeit, welche sich im Erwerb des Sprechens und Denkens am klarsten zeigt. Aber schon vorher hat das Ich im Kleinkind bewirkt, dass es sich aus der liegend-kriechenden Lage aufrichtet und zu laufen beginnt. Beide «Errungenschaften» sind physikalisch unwahrscheinlich und kommen – wie das Phänomen des Sprechens und Denkens – nur in einer normalen menschlichen, sprechenden und denkenden Umgebung zustande. Und auch noch vor diesen Veränderungen gibt es Anzeichen der Ich-Wesenheit. So die erste kommunikative Gebärde, der Blickkontakt, der nur zwischen Menschen möglich ist. Wenn wir die innere Gebärde, die ihn auch zwischen Erwachsenen ermöglicht, beobachten und diesen Blick mit dem eines Augenarztes vergleichen – der dieselbe Richtung, jedoch einen völlig anderen Charakter hat –, dann entdecken wir in diesen zwei Blickarten die zwei polaren Formen der Aufmerksamkeit, die empfangende und die intentionale. Letztere richtet sich auf einen im Voraus bestimmten Gegenstand, während Erstere ihren Gegenstand sucht, erwartet und ihm zum Dasein verhilft (z. B. einem neuen Gedanken). Blickkontakt kommt durch den empfangenden Blick der zwei Partner zustande und hört sofort auf, wenn auch nur einer von ihnen etwas denkt oder der Schatten eines selbstsüchtigen Wunsches durch das Bewusstsein zieht. Daher dauert der Blickkontakt zwischen Erwachsenen selten lange an, es gibt sogar immer mehr

Menschen, die nicht dazu fähig oder nicht willens sind, ihn zu erleben. Das Schauen, der Blick hat im Blickkontakt kein bestimmtes Ziel, keinen bestimmten Gegenstand (wie etwa die Farbe des Auges), sondern richtet sich auf den Blick des anderen Ich-Wesens, und der Blick *geschieht, entsteht, wird* fortwährend, *ist* nicht.

Die zweite kommunikative Gebärde des Ich ist das Lächeln. Einige Wochen nach der Geburt (aber in unserer Zeit immer früher), nach dem ersten Blickkontakt lächelt das Kind zurück, wenn es angelächelt wird – ein ausschließlich menschlicher Zug.

Durch die erwähnten Phänomene wird der Organismus immer mehr vom Ich ergriffen und offenkundig zum Ausdruck des Ich verwendet. Dieses – die menschliche Aufmerksamkeit – ist auf Sinn und Bedeutung gestimmt. Dadurch kann die Verbindung zwischen Zeichen und Bedeutung zustande kommen, eine weitgehend nicht-mechanische Verbindung. Diese ist die Grundlage für Unterrichtbarkeit und Lernfähigkeit. Diese Fähigkeiten sind weder sekundäre Reflexe noch Verhaltensformen, und sie werden auch nicht diesen Formen entsprechend erworben.

Im Tierreich dienen die Verhaltensformen, die Reflexe, auch die sekundären Reflexe immer der Erhaltung des physischen Lebens; beim Menschen ist die Aufmerksamkeit, die Hingabe (tiefe, selbstvergessene Aufmerksamkeit) von biologischen Aspekten unabhängig. Bald nach der Geburt behält das Kleinkind nur noch sehr wenige Reflexe zurück und so gut wie keine biologisch nützlichen Instinkte. Was man beim Erwachsenen manchmal «Instinkt» nennt, ist keine natürliche, sondern eine sekundäre Erscheinung und wirkt meistens gegen die Gesundheit (z. B. das Rauchen).

Wenn man die Menschenwesenheit mit den Tieren (den höheren Säugetieren) vergleicht, ist der durch die Aufmerksamkeit und ihren Zusammenhang mit dem Handeln gegebene Unterschied augenfällig:

a) Die Aufmerksamkeit des Menschen kann von den biologischen Erfordernissen abweichen, die des Tieres nicht (höchstens beim Jungtier und scheinbar infolge von Dressur).

b) Beim Menschen tritt zwischen Wahrnehmen und Handeln für gewöhnlich ein Moment der Besinnung auf; beim Tier löst eine bestimmte Wahrnehmung ein bestimmtes Tun aus oder verhindert es.

c) Die menschliche Aufmerksamkeit kann sich auf die biologischen Prozesse, auf die Tatsachen und Fragen des Seins, der Philosophie und Kunst und auf die Genüsse richten, die sich durch biologische Prozesse verwirklichen; beim Tier ist die «Aufmerksamkeit» praktisch durch biologische Bedürfnisse und damit Zusammenhängendes bestimmt, gelenkt von weisen Instinkten, die dem Leben dienen. Beim Menschen fehlen diese völlig. Die Aufmerksamkeit und das Verhalten des Menschen sind im Wesentlichen frei (oder könnten frei sein), beim Tier werden sie durch seine Gattung und die Umstände (z. B. die Jahreszeit) bestimmt. Der Unterschied zeigt sich deutlich in der Kommunikation und ihrer Ausbildung. Die tierischen Laute werden vererbt, nicht erlernt; die Muttersprache des Menschen ist lediglich durch die Umgebung bedingt, und von ihr hängt es auch ab, ob er überhaupt sprechen lernt. Durch diese Betrachtungen kann deutlich werden, dass sich im Menschen ein empfindender, lebendiger Organismus mit einem – seinen Möglichkeiten nach – völlig freien geistigen Wesen verbindet. Dieses ergreift nach der Geburt den Organismus immer stärker und ist bestrebt, ihn als Ausdrucksinstrument zu verwenden. Offenkundig ist das Sprechen die grundlegende und zentrale Art des Selbstausdrucks. Das Tun des Ich als geistiges Wesen wird dabei durch die Sprechabsicht, den Bedeutungsfaktor vertreten, während die Rolle des Organismus in der Bewegung der Sprachorgane gegenwärtig wird; das Zusammenwirken der zwei Teile ist ein Musterbeispiel für die Verbindung von Ich und Organismus.

Die Bewegungen, die dem Sprechen dienen, und die menschlichen Bewegungen im Allgemeinen sind im Unterschied zu den Bewegungen der Tiere nicht instinktiv. Im Tierreich werden die instinktiven Bewegungen durch den Empfindungsleib gesteuert, der auf die wahrgenommene Umgebung und auf den Zustand des Organismus (z. B. Hunger) reagiert. Der Empfindungsleib ist hier eine je nach Tiergattung verschiedene Form des Verhaltens- und Reagierens. Der Mensch verfügt außer dem Empfindungsleib über eine Empfindungsseele, die aus der Gesamtheit der Kräfte besteht, welche aus dem Empfindungsleib im Laufe des Lebens frei geworden sind. Die Empfindungsseele ist die erste Erscheinungsform des bewussten Ich. Daher ist die Rolle des Empfindungsleibes beim Menschen im Vergleich zu den Tieren eine sehr geringe. Bei Letzteren ist der Empfindungsleib mit der ganzen natürlichen Umgebung verbunden, er empfindet sie, veranlasst das Tier zum Handeln und steuert seine Aktivität. So brauchen z.B. die Gemsen nicht auf die Beine zu achten, wenn sie einen steilen, mit Geröll bedeckten Abhang hinunterrennen – sie hätten auch gar keine Zeit dazu. Beim Menschen ist der Empfindungsleib nicht mit der Ganzheit der Natur, sondern mit der Empfindungsseele verbunden. Diese besteht, wie erwähnt, aus ähnlichen Kräften wie der Empfindungsleib, nur sind sie nicht geformt, sie schreiben nicht zwingend ein bestimmtes Verhalten vor. Die freien fühlenden Kräfte sind im Kleinkind die des «Nachahmens». Sie können im Unterschied zu den Kräften des Empfindungsleibes im «Nachahmen» jede Form annehmen. Deshalb lassen sie sich in gewisser Hinsicht als Erkenntniskräfte ansehen. Im Erkennen nehmen die entsprechenden Kräfte (des Denkens, Fühlens und Wollens) die Gestalt an, die dem jeweils Erkannten entspricht. Sie werden nicht auf Dauer geformt, d. h. sie werden nicht zu Gewohnheitskräften. Die Denkkräfte können zum Beispiel zeitweise die Form eines Gedankens annehmen, um sich dann wieder aus dieser herauszulösen und sich in die Form eines anderen Gedankens zu begeben. Die freien fühlenden Kräfte können – überbewusst durch das Ich bestimmt – die Bewegung der Sprachorgane steuern. Da das erkennende (freie) Fühlen dasjenige, was sich später als Denken von ihm heraustrennt, noch wie aufgelöst enthält, ist dem «Nachahmen» auch der Inhalt (die Bedeutung) dessen zugänglich, was in der Umgebung gesprochen wird. Die freien Kräfte der Empfindungsseele vermitteln die Impulse des Ich, da sie ursprünglich durch die Wirkung des Ich aus dem Empfindungsleib frei geworden sind. Sie stehen dem Ich zur Verfügung.

Die freien fühlenden Kräfte werden in der Bewegung des Körpers gebraucht. Sie nehmen zugleich die Bewegungsform wahr, die durch den Bewegungssinn bestimmt ist. Dieser vermittelt uns, ohne dass wir hinsehen müssten, durch die freien Kräfte auch, was für eine Bewegung wir, z. B. mit den Händen oder Füßen ausüben. Das ist auch selbstverständlich, denn durch das Hinschauen könnten wir bloß die schon ausgeführte Bewegung sehen, ihre Gestalt, die aber müsste vorangehend schon angegeben werden, bevor sie ausgeführt ist: Darin besteht die Funktion des Bewegungssinnes. Da der Mensch so gut wie jede Bewegung ausführen kann (z. B. mit der Hand), müssen im Bewegungssinn vollständig freie, nicht formgebundene Kräfte wirken, die vom Ich gesteuert werden. Die Ausdrucksbewegungen werden, wie die der Sprachorgane, weder geplant, d. h. vorgestellt, noch bewusst verfolgt, sie verlaufen überbewusst, außerhalb der Kompetenz des Bewegungssinnes.

In den Bewegungen wirken mit den freien fühlenden Kräften die freien Lebenskräfte zusammen. Diese sind die Wachstumskräfte des biologischen Lebens, jedoch bestimmen sie im Unterschied zu den physikalischen Kräften auch die *Form* des Wachstums, die Struktur der Organe. Deshalb können sie Formkräfte genannt werden. Beim Tier obliegen ihnen neben dem Wachstum auch die Bewegungen, die von den vererbten Empfindungs-Wahrnehmungsmustern des Empfindungsleibes gesteuert werden. Im Menschen müssen schon zur Zeit des Spracherwerbs freie Lebenskräfte und fühlende Kräfte vorhanden sein, damit die Sprachorgane die entsprechenden nicht vererbten höchst komplizierten Bewegungen ausführen können. Die aus den biologischen Funktionen herausgelösten Lebenskräfte sind ebenso formfrei wie die fühlenden Kräfte, die aus dem Empfindungsleib frei geworden sind. Deshalb ist der Mensch fähig, sich jegliches Lautsystem anzueignen und es zu reproduzieren.

Durch das stufenweise Freiwerden der Formkräfte nimmt die Vitalität mit dem Alter fortwährend ab, was z. B. an dem langsameren Verheilen von Wunden beobachtbar ist.

Das Freiwerden der Empfindungs- und Lebenskräfte ist zwischen Geburt und Tod ein kontinuierlicher Vorgang, der aber ungefähr alle sieben Jahre eine Art Knotenpunkt oder Meilenstein zeigt (Zahnwechsel, Pubertät). Der Zahnwechsel lässt darauf schließen, dass das Kind schulreif ist. Die Formkräfte, die die zweiten Zähne geschaffen haben, werden frei und stehen nun der Intelligenz zur Verfügung. Die Pädagogik arbeitet mit den freien fühlenden Kräften und den Lebenskräften durch das Ich, die Dressur nutzt die Verhaltens- und Reaktionsformen, die mit der Biologie verbunden sind, um sekundäre Instinkt- und Reflexformen hervorzubringen.

Wie in der physischen Verwirklichung des Sprechens das Ich die Sprachorgane überbewusst, mit Hilfe der freien Empfindungs- und Lebenskräfte bewegt, so werden in den künstlerischen Tätigkeiten meistens durch bewusstes Erlernen und Üben die Hände oder der ganze Körper zu Sprachorganen: In der gekonnten künstlerischen Aktivität ist das Bewusstsein auch nur mit dem Inhalt (z. B. mit der musikalischen «Mitteilung») beschäftigt, nicht mit dem Bewegen der entsprechenden Körperteile. Da in der künstlerischen Aktivität die fühlbare (nicht die denkbare) Bedeutung maßgebend ist, so dass Fühlen und Denken auch mit dem Ausdruckswillen zusammenwirken[36], ist solche Aktivität im Seelenleben des Kindes und des Erwachsenen heilend und gesundheitserhaltend, weil sie die ursprüngliche Einheit von Wollen, Fühlen und Denken bewahrt beziehungsweise wiederherstellt.

Durch ihre Gestimmtheit auf Bedeutung oder Sinn bewahren die gesunden freien Kräfte die Fähigkeit, in jegliche Form einzugehen, ohne in ihr festgehalten zu werden. Die Formkräfte, die in

der Biologie wirken, bringen eine bestimmte Pflanze beziehungsweise ein pflanzliches oder tierisches Organ hervor und halten sie
am Leben.

Das Ich ist die menschliche Aufmerksamkeit. Es ist ohne Ich-
Bewusstsein im Kleinkind oder in der selbstvergessenen Hingabe
des Erwachsenen wirksam. Das Ich-Bewusstsein tritt geradezu
durch das Nicht-Hingegebensein in Erscheinung, indem ein Teil
der Aufmerksamkeit sich mit der Empfindung des Körpers verbindet. Ein Zeichen für diese Verbindung ist es, wenn das Kind
die Wörter «ich», «mich», «mein» usw. zu benutzen beginnt, bezogen auf den Körper. Diese Identifizierung bringt die Egoität und
die mit ihr zusammenhängenden unterbewussten Formationen
hervor, bestehend aus den freien Kräften, die aus dem Ich, aus der
freien Aufmerksamkeit herausgefallen sind. Die Egoität ist Aufmerksamkeit, die sich auf die Empfindung des Körpers richtet
und sich aus dieser Gerichtetheit nicht mehr befreien kann. Auf
dieser selbstempfindenden Hülle entwickeln sich nicht-erkennen-
de seelische Formen wie Eitelkeit und Neid. Da das Ich als um-
gekehrter empfangender Wille oder Ausdruckswille vor allem
Willenscharakter hat, verfügt die herabgezerrte, in Formen fest-
gehaltene Aufmerksamkeit über eine Willenskomponente. Aus
dieser stammen die Leidenschaften, alle Arten von Sucht, die sekundären Instinkte und diejenigen Willensformen, die das für den
Einzelnen Angenehme, Nützliche zum Ziel haben. Diese Formen
dienen nicht der Erhaltung des Lebens, der Gesundheit, sondern
wirken gegen sie.

Der ichhafte Wille wird aus dem physischen Leib frei. Um dies
zu verstehen, müssen wir uns auf einiges besinnen. Wenn ein
lebloses Ding Gestalt erhält (ein Tisch, ein Standbild), so hat ein
gestaltender Wirke gewirkt, ein «waltender Wille»[37]. Diesen kann
man sich so vorstellen, und so empfinden es Kleinkinder oder
archaische Völker tatsächlich, dass er auch weiterhin die hervorge-
brachte Gestalt bewahrt und aufrechterhält. Ein lebloses Ding
verändert sich (auch chemisch) nur durch Einwirkung von außen.

Die Pflanze verändert Gestalt und Größe usw. von sich aus in ihrer Entwicklung: Der gestaltende Wachstumswille liegt in den Formkräften des Lebens und wirkt artspezifisch im Leben der Pflanze. Auch ist die Veränderung mit einem Ort verknüpft, den die Pflanze von sich aus nicht wechseln kann. Hier ist der Wille, der den physischen Pflanzenkörper gestaltete, schon frei von dem physischen Körper. Beim Tier ist der artspezifische Wachstumswille vorhanden und daneben ein ebenfalls artspezifischer Bewegungswille, der durch den Empfindungsleib gesteuert wird. Dieser manifestiert sich in der gattungstypischen Verhaltensweise. Beim Menschen ist zusätzlich zu den oben beschriebenen Willensarten ein freier Willen zu beobachten, der dem jeweiligen Ich-Bewusstsein untersteht. Je mehr sich der physische Körper seiner «fertigen» Gestaltung annähert, desto mehr Willenskräfte werden frei.

Besinnungsthema:
17. Wodurch wird menschliches Handeln angeregt?

Meditationsthema:
16. Was charakterisiert den freien Willen (oder die freie Tat, das freie Tun)?

15.
Die Sternkinder und die schwierigen Kinder

Das Kleinkind war immer ein Fremdling in der Welt der Erwachsenen, da es aus einer Welt kommt, in der das Sein zugleich Kommunizieren ist, eine Kommunikation ohne Zeichen, unmittelbare Urkommunikation bedeutungsartiger Wesen, die die Menschengeister im Vorgeburtlichen sind. Wie die «Bedeutungen» von sinnlich wahrnehmbaren Zeichen keine Stofflichkeiten sind, so auch die Wesen, die Bedeutungen verstehen oder schaffen können. Der Erwachsene aber lebt in einer Welt von sinnlichen Zeichen und größtenteils nimmt er sie für Wirklichkeiten, ohne ihre Bedeutung zu erkennen, ja, nicht einmal ahnend, dass sie Zeichen für Bedeutungen sind: die naturwissenschaftliche Ansicht der Welt. Die Erziehung des Kindes bestand und besteht meistens darin, dass es an diese aus Zeichen und Bedeutung bestehende Welt möglichst schnell angepasst wird, wobei die Bedeutungsseite fast immer nur nominell genommen wird. Dies konnte in der Vergangenheit mehr oder weniger gut gelingen, weil in der Erziehung noch weisheitsvolle Reste aus früheren, mehr spirituell gegründeten Traditionen eine Rolle spielten. Seit einigen Jahrzehnten hat sich die Situation jedoch dramatisch verändert. Die Kluft zwischen dem Kind und der Welt der Erwachsenen wächst immer mehr und mit zunehmender Geschwindigkeit. Einerseits werden die Kinder immer mehr spirituell veranlagt geboren; andererseits entfernt sich die Welt der Erwachsenen immer mehr und immer schneller von der Spiritualität: sie ist durchzogen von einer rein materialistischen Mentalität und Lebensweise.

In diese Welt der Erwachsenen werden seit etwa zwanzig Jahren (Vorläufer waren allerdings schon viel früher zu beobachten) immer mehr Kinder geboren, die anders sind – anders als die Eltern und Pädagogen es gewohnt sind und erwarten. Diese Kinder wurden eine ganze Zeit lang als besondere Einzelfälle betrachtet und behandelt, als sonderbare Abirrungen vom «Normalen». Heute ist durch ihre große und weiter wachsende Anzahl klar, dass es sich nicht um Einzelfälle handelt, sondern dass eine neue, bis jetzt unbekannte Generation von Seelen die Erde betritt – Kinder, die eine große Reife mitbringen und die mit der Welt der Erwachsenen, wie sie heute ist, unzufrieden sind und mit einem mächtigen spirituellen Impuls auf unsere Erde kommen. Man kann heute vor diesem Ereignis nicht mehr die Augen verschließen.

Das Erste, was gleich nach der Geburt vor allem den Eltern auffallen kann, ist der sehr frühe Blickkontakt – meistens findet er gleich nach der Geburt statt. Das kann nicht auf den Einfluss der Umgebung zurückgeführt werden, dazu ist die Zeit zu kurz. Und der Blick dieser neuen Kinder – sie Sternkinder zu nennen ist mein Vorschlag; in den USA nennt man sie meistens «Indigo-Kinder» – ist nicht der Blick eines Babys, sondern eines reifen, selbstbewussten, weisen Menschen. Ein selbstbewusster Blick lässt sich doch deutlich von einem solchen unterscheiden, der nur in die Welt «hinausschaut». Das Selbstbewusstsein im Blick ist etwas Unverwechselbares. Und nicht nur Selbstbewusstsein ist darin zu erkennen, sondern auch Würde: Sie wird später das ganze Verhalten des Kindes kennzeichnen.

Der Blick verrät noch etwas Weiteres, wenn man ihn verstehen lernt: dass die Umgebung, die Erwachsenen für ihn durchsichtig sind. Das «Durchschauen» ist eine Fähigkeit, die allen Kleinkindern eigen ist, aber bei den Sternkindern kann der Erwachsene diese Eigenschaft im Blick des Kindes wahrnehmen; und diese Fähigkeit geht auch später nicht verloren, jedoch kann das Kind später auch zum Ausdruck bringen, was es im Erwachsenen «sieht».

Von Anfang an haben diese Kinder einen eigenen, individuellen

Charakter, den sie sehr bewusst vertreten – sie wissen, wer sie sind. Mehr und mehr sind ja alle Kinder sehr individuell, das sehen und berichten die Kindergärtnerinnen, Lehrer und Eltern; bei den Sternkindern tritt das mit Bewusstsein, auch Selbstbewusstsein auf. Sie wissen, dass sie anders sind als die «Normalen», die jetzt noch in den Schulen und Kindergärten die Majorität bilden; die «Neuen» erkennen einander unfehlbar und gruppieren sich zusammen. Wenn der Pädagoge nicht im Bilde ist, können sich die zwei Gruppen leicht befeinden. Die Sternkinder sprechen sehr früh in der ersten Person, ohne gleichzeitig ihre außerordentliche Sensibilität zu verlieren, wie es bei den «Normalen» in diesem Zusammenhang der Fall ist. Sie nehmen weiterhin alles im Erwachsenen wahr und geben dem Wahrgenommenen früh Ausdruck. Sie sagen auch früh und in aller Deutlichkeit, was sie wollen und was nicht. Man kann nicht einfach über sie verfügen, sondern muss über das Beabsichtigte mit ihnen sprechen. Tut man das nicht, so leisten sie zähen Widerstand – sie wollen mit Respekt behandelt werden. Man muss alles mit ihnen besprechen, wenn man sie anhält, etwas zu tun. Die Besprechung ist auch dann angebracht, wenn sie vom Alter her das Besprochene noch gar nicht verstehen können, denn sie fühlen sich auch in diesem Fall geschätzt und gewürdigt. Und ein eventuell fehlendes «intellektuelles» Verständnis wird ja bekanntlich oft (auch bei Menschen mit geistiger Behinderung) durch ein Verstehen im Fühlen ersetzt.

Trotz ausgeprägter individueller Charakterzüge zeigen die Sternkinder gemeinsame seelisch-geistige Eigentümlichkeiten, die sie von den «Normalen» unterscheiden. Durch diese kann der Fachmann unmöglich die Situation verkennen: Wir erleben eine Invasion nicht von «Science-fiction-Wesen» von anderen Himmelskörpern, sondern von Menschenseelen, die im geistigen Sinne mündig sind. Sie kommen schon mündig an, von ihrem eigenen Stern – von einem nicht sinnlich sichtbaren, sondern von einem Stern, ähnlich dem, der den drei Magiern bei der Geburt Jesu erschienen ist und sie auf ihrem Weg von Jerusalem nach

Bethlehem geleitet hat: dem Orientierungsstern einer wahren, übersinnlichen Astrologie.

Von Anfang an müsste man mit diesen Kindern anders, ihrem reifen Wesen – reif, aber nicht altklug – entsprechend umgehen. Wenn der Anfang einmal verdorben ist und die Umgebung oder die Pädagogen an ihren herkömmlichen gewohnten «Methoden» festhalten, wird es später immer schwieriger, mit den Heranwachsenden umzugehen.

Für diese Kinder gibt es keine Autorität, die von der Stellung (Eltern, Lehrer) her geboten wäre, und das von Anfang an, schon solange sie ganz klein sind. Es gibt aber ihrerseits Hochschätzung und Liebe durch «Verdienst». Mit «so tun als ob» kommt man bei ihnen nicht durch – jede Unechtheit, jeder Versuch, etwas vorzutäuschen, wird blitzschnell durchschaut, zurückgewiesen und verachtet. Was positiv geschätzt wird, sind Aufrichtigkeit, das Eingestehen eventueller Mängel oder Irrtümer und Originalität. Sie selbst sind originell und aufrichtig, dulden keine Lüge; der Umgang mit ihnen ist direkt und unkompliziert, wenn man ihr Vertrauen gewonnen hat. Sie wissen genau, wem man etwas sagen, anvertrauen kann und wem nicht. Sie lehnen jedes gewohnheitsmäßige, ritualisierte Vorgehen ab und finden neue, meist effektivere Wege, um etwas zu erlernen oder zu vollziehen. Man kann sie nicht bestrafen, beziehungsweise die Strafe nützt nichts und führt höchstens dazu, dass sie den, der die Strafe verhängt hat, künftig ablehnen; sie wird als Zeichen der Ohnmacht, der Unfähigkeit, mit ihnen umzugehen, genommen – was sie in Wahrheit auch ist. Man kann auch – von außen her, als «pädagogisches» Mittel – kein schlechtes Gewissen, kein Schuldgefühl bei ihnen erzeugen.

Die Sternkinder verfügen meistens über einen Überschuss an vitaler und geistiger Energie, wodurch sich eine Ähnlichkeit mit erkrankten Kindern ergibt. Häufig werden sie unter den Syndromen ADD (Attention Deficit Disorder) oder ADHD (Attention Deficit Hyperactive Disorder) eingestuft. Tatsache ist aber, dass sie nur für das aufmerksam sind, was sie wirklich interessiert –

dann aber können sie sich stark darin vertiefen. Wenn sie etwas nicht interessiert, langweilen sie sich leicht und werden unruhig. Es hängt von der Umgebung, in der Schule vom Lehrer ab, ob er das Interesse für ein Fach oder Thema wecken kann. Gelingt das, so wird das Kind keine Aufmerksamkeitsprobleme haben – und der Lehrer seinerseits wird keine Probleme mit dem Kind haben. Gelingt das aber nicht, so wird das Kind sehr unruhig und lässt sich kaum dazu bringen, sich mit dem Thema zu beschäftigen.

Die neuen Kinder sind meistens hochintelligent, in allen Intelligenztest-Varianten rangieren sie weit über dem Durchschnitt ihrer Altersgenossen – falls sie es nicht von vornherein ablehnen, sich testen zu lassen. Aber Originalität kann man kaum testen.

Außerdem sind sie sehr sensibel, in beiden Richtungen: was sie selber und auch was ihre Mitmenschen betrifft. Wenn sie nicht schon durch die Umgebung «verdorben» sind, entfalten sie großes Mitleid, und ihre Handlungen werden von Liebe geleitet – das ist sehr auffällig. Am meisten stört sie die Erfahrung, dass andere nicht von Liebe geleitet werden. Da sie sehr sensibel sind, brauchten sie eine emotionell stabile und sichere, Sicherheit ausstrahlende erwachsene Umgebung – eine Seltenheit. Sie sind leicht frustriert, häufig, weil sie ihre vielen originellen Ideen nicht in die Wirklichkeit umsetzen können. Misserfolge ertragen sie schlecht, oft werden sie dadurch blockiert und geben dann ihr Vorhaben auf. Auswendig lernen und memorieren ist nicht erwünscht, sie lernen gern durch Erfahrung und Experiment. Nicht wenige von ihnen haben geistige Erfahrungen, die sie untereinander auch besprechen, und sie haben großes Interesse für solche Erlebnisse. Sie entziehen sich, wenn sie nicht verstanden werden, sind empört, wenn jemand offenkundig nicht aus Liebe handelt. Ist jemand krank oder traurig, so bilden sie still einen tröstenden Kreis um ihn und haben damit meistens Erfolg – ohne Worte, und sie sprechen diese Handlungsweise auch nicht vorher miteinander ab.

Sie wissen, dass sie selber und auch alle anderen Menschen geistige Wesen sind. Das Geistige im Menschen wird klar «gesehen», das heißt in seiner Qualität wahrgenommen, und dass es Reinkarnation gibt, ist ihnen selbstverständlich. Oft scheinen sie zu wissen, was für frühere Inkarnationen sie hatten – aber da ihnen die Gedanken und Gemüter von anderen Menschen zugänglich sind, lässt sich (z. B. in einer New-Age-Umgebung) letztlich nicht genau unterscheiden, was eigenes Erleben und was von anderen Menschen übernommene Gedanken sind. Jede versteckte Absicht, jeder geheime Gedanke liegt vor diesen Kindern offen. Das sollte das Verhalten der Umgebung in seinem Grundstil bestimmen.

Die Kenntnisse über die Sternkinder könnten dazu führen, dass die Erwachsenen in ihrer Umgebung ihre Haltung ändern, obwohl Kenntnisse noch keine Fähigkeiten sind. Sicher müssten die Erwachsenen neue Fähigkeiten erüben, wollten sie der neuen Generation einen positiven Empfang bereiten. Ohne das werden aus den Sternkindern zunächst schwierige Kinder, dann aber auch möglicherweise Süchtige oder Kriminelle. Sie wollen die Welt aus geistigen Impulsen verändern, sie nach Mitleid und Liebe gestalten. Das wird nicht gelingen, wenn die Welt der Erwachsenen, mit der sie unweigerlich in Kontakt kommen, sich nicht entsprechend wandelt. Ohne innere Veränderung werden wir aus den Sternkindern durch unser Nicht-Verstehen, Missverstehen gescheiterte Wesen machen, gescheitert in ihrem innersten Wesen, in der Mission, mit der sie die Erde betreten haben – wir können sie in ihrer Mission, die Welt zum Guten zu verändern, behindern, ihnen den Sinn ihres Daseins nehmen. Der große Jubel, mit dem diese Kinder in New-Age-Kreisen zu Recht begrüßt werden, wird sich als vereitelte Erwartung erweisen, falls die Erwachsenen bei ihrer Gewohnheit bleiben: für ihre eigene geistige Entwicklung nichts zu tun.

Wie man mit den Sternkindern umgehen kann, soll im 23. Kapitel beschrieben werden. Die zwei Grundzüge der ihnen entsprechenden Einstellung können aber schon hier genannt werden: Respekt und kompromisslose Aufrichtigkeit. Beide Züge erfordern Arbeit an uns selber. Aufrichtigkeit (auch aufrichtiger Respekt dem Kind gegenüber) erfordert tiefe Selbsterkenntnis. Wer sich selbst gegenüber nicht aufrichtig ist – und solche Aufrichtigkeit kommt ohne innere Schulung höchst selten vor –, der kann auch zu anderen nicht offen sein.

Bei den Sternkindern scheint die mich-empfindende Hülle nicht in dem Maße entwickelt zu sein wie bei den «Normalen», ihr Selbstbewusstsein ist nicht auf das Mich-Empfinden bezogen. Das ermöglicht einerseits ihre Intuitivität und Intelligenz, andererseits ihr liebevolles Verhalten anderen gegenüber, solange sie nicht auf irgendwelche Weise abgewiesen und auf die «schwierige» Bahn gelenkt worden sind.

Heutzutage prallen intensivere Geistigkeit einerseits und intensiverer, gelebter (nicht theoretischer) Materialismus andererseits aufeinander. Das Ergebnis ist die rasche und immer unübersichtlichere Zunahme der Anzahl der «schwierigen» Kinder, deren Typologie und Syndrome zu erfassen die «Experten» kaum nachkommen. Es ist aber mehr oder weniger bekannt, dass nicht-ausgelebte Geistigkeit (Kreativität) sich zu Widerspenstigkeit, Verhaltensstörung, Sucht, Kriminalität sowie zu seelischen und körperlichen Krankheiten pervertiert. Dass es «schwierige» Kinder gibt und was gegebenenfalls aus ihnen wird, kommt größtenteils aus der Veranlagung der Sternkinder, wenn sie ihre Mission, den Sinn ihres Daseins verloren haben.

Alle Kleinkinder leben noch weitgehend in der geistigen Welt, bevor sie aktiv sprechen können (das ist die «autistische» Entwicklungsphase), und wären sie dazu imstande, so hätten sie uns viel über diese Welt mitzuteilen. Sie können aber durch Zeichen eben deshalb nicht kommunizieren, weil sie zum Teil noch an geistigen Erlebnissen (unmittelbare Kommunikation) teilhaben. Manche erzählen später davon, selten nimmt ihnen jemand das Erzählte ab. Die Sternkinder könnten Quelle sein für Einblicke in das Leben der Kleinkinder, bevor sie sprechen, denn sie werden auch später von diesen Quellen nicht gänzlich getrennt.

16.
Die menschenkundlichen Besonderheiten der Sternkinder

Der «Stern» ist der Teil des menschlichen Geistwesens, der auch während des Erdenlebens in der geistigen Welt bleibt und durch die Aufmerksamkeit, das innere Licht, bei der Geburt mit der Leiblichkeit verbunden wird. Der Aufmerksamkeitsstrom ist zu Beginn des Lebens homogen, einheitlich. Bei der Bildung der mich-empfindenden Hülle wird er gespalten: in eine fühlende Komponente, die sich mit allem identifizieren kann, und in eine andere, die als Zeuge dieser Metamorphose die Ich-Komponente genannt werden kann. Es ist die erste Komponente, aus der der Ego-Leib, das Mich-Empfinden als geschlossene Form (Hülle) an der vererbten Leiblichkeit gebildet wird; dadurch wird der als Zeuge fungierende Teil des ursprünglich einheitlichen Aufmerksamkeitsstromes selbstständig. Deshalb kann sich der Mensch im Allgemeinen – allerdings gibt es nicht wenige Ausnahmen – bis zum Zeitpunkt des ersten Ich-Sagens zurückerinnern.

Der Ich-Strom und der formfrei gebliebene Teil des fühlenden Stromes bestehen aus freien Kräften. Diese bilden den empfangenden Teil der Aufmerksamkeit, der die «Gaben», Intuitionen, den Kern der kreativen Ideen vom Stern entgegennimmt, während die aus der Leiblichkeit frei gewordenen Kräfte in der Verwirklichung dieser Ideen (z.B. im erklingenden Sprechen) durch die Leiblichkeit tätig sind. Das erste Ich-Bewusstsein entsteht gewöhnlich dadurch, dass das Mich-Empfinden für das Ich gehalten wird.

Die seelisch-geistige Struktur der Sternkinder unterscheidet sich von der allgemeinen Beschaffenheit des Menschen in drei Hauptpunkten:

1. Die mich-empfindende Hülle ist optimal, d. h. sehr dünn, sichert gerade nur die Möglichkeit der Körperbewegungen, welche keine Ausdrucksbewegungen sind. Daher fällt die Bildung der Egoität größtenteils weg, das liebende Wesen bleibt auch nach dem Ich-Sagen bestehen.

2. Da die mich-empfindende Hülle schwach ist, werden die zwei Komponenten des Aufmerksamkeitsstromes nicht scharf oder grundlegend getrennt, die Verbindung zum Stern wird nicht oder kaum unterbrochen.

3. Das Ich-Bewusstsein oder Selbstbewusstsein, das so charakteristisch für diese Kinder ist, stammt nicht aus dem Mich-Empfinden, sondern aus der stark gebliebenen Aufmerksamkeit, die sich (als inneres Licht) in der Nähe des Sternes erfahren kann und so zum Selbst, zum wahren Ich wird.

Die schwach ausgebildete mich-empfindende Hülle erklärt das Hellfühlen dieser Kinder, wodurch die Menschen für sie durchschaubar und ihre Gedanken und Seelenregungen ihnen zugänglich sind. Diese Fähigkeit bleibt, abweichend von den «normalen» Kindern, erhalten, solange die Sternkinder nicht zu «schwierigen» Kindern werden.

Wiederholte Enttäuschung, die Erfahrung, dass es ihnen nicht gelingt, ihre Intentionen zu verwirklichen, der Schock durch eine Umgebung, die etwas vortäuschen will und durchschaut wird, und Ähnliches kann Sternkinder in schwierige Kinder, in kleine Teufel verwandeln. Vermutlich nimmt dabei die mich-empfindende Hülle auf Kosten des früher frei gebliebenen Aufmerksamkeitsstromes an Dichte zu. Da bei der ursprünglichen Bildung dieser Hülle nur ein relativ kleiner Teil des fühlenden Stromes mitgewirkt hat, ist die Trennung der zwei Komponenten der Aufmerksamkeit nicht scharf oder grundlegend. Wenn jetzt weitere Teile der Aufmerksamkeit in die Hülle eingefangen werden, wird auch der von dem anderen nicht getrennte Ich-Strom darin involviert, was normalerweise nicht der Fall ist: in die «sinnlosen», nicht-kommunikativen seelischen Formen ist sonst meistens nur

der fühlende Strom einbezogen. Die Mitleidenschaft der zeugen-
den Komponente macht die Kinder in dem Zustand des elemen-
taren Verärgertseins unzugänglich, unansprechbar – wie auch ein
Erwachsener unansprechbar wird, wenn er in einer Emotion –
Ärger, Leidenschaft – tief befangen ist.

Besinnungsthema: 18. Was heißt eigentlich «mündig»?

Meditationsthema: 17. Aufmerksamkeit ist nur jetzt.

Eine Mahnung vor dem Praktikum

Den Pädagogen und Eltern, die sich auf «schwierige» Kinder –
bald werden uns keine anderen mehr begegnen – einlassen und
einlassen müssen, wird alles anthropologische, psychologische,
auch geisteswissenschaftliche Wissen – obwohl zum Teil notwendig – nicht viel nützen und nicht genügen. Denn Pädagogik,
immer mehr zur Heilpädagogik gedrängt, kann oder könnte nur
unter der Bedingung wirksam sein, dass der Pädagoge seine Aufmerksamkeit bis zur Fähigkeit, geistige Erfahrungen zu haben,
erzieht und steigert. Nur dadurch könnte er der Individualität des
Kindes gerecht werden: durch eigene «Hier-und-jetzt»-Intuition,
Liebe, Hingabe, das heißt grenzenlos gesteigerte Aufmerksamkeit
auch im Fühlen und Wollen, die zu erkennenden Fähigkeiten
werden. Bewusstseinsschulung, Aufmerksamkeitsschulung sollte
eines der Hauptfächer der Pädagogen-Ausbildung sein. Die große Frage ist: Wer sollte das unterrichten? Und damit sollte gar
nicht hoch gegriffen werden: Die konzentrierte Aufmerksamkeit
geht wie von selbst in geistige Wahrnehmungsfähigkeit über, wenn

der Wendepunkt, das geistige Ich-Erlebnis, erreicht wird. Während mit der genannten Fähigkeit die Individualität des Kindes zu erleben wäre, wirkt ohne diese Wendepunkt-Erfahrung durch den Pädagogen allein das egoistische, sich-empfindende Ego, dessen Neigungen und Taten heute ebenso die Weltszene beherrschen und bestimmen wie alle Nützlichkeitsprinzipien, die für das Kleinkind unverständlich sind, weil sie nur mit der Bildung der Egoität – deren Zeichen das Sprechen in der ersten Person ist – «Sinn» erhalten.

Die sachgemäße Antwort auf die spirituellen Kinder ist der spirituelle Erwachsene. Sind wir im Hinblick auf diese Möglichkeit pessimistisch (Anlass dazu gäbe es genügend), so können wir die allgemeine Weltenpleite erklären.

Was heute in Familien, Kinderhorten, Kindergärten, Schulen, heilpädagogischen Institutionen als Szene zu beobachten ist, kann als *Protest der menschlichen Seele* aufgefasst werden. Die Palette ist breit: Sie reicht von Kindern mit Sprech- und Verhaltensstörungen über Dislexie, Aufmerksamkeitsprobleme, Hyperaktivität, Desinteresse bis zum Autismus. Heute wird vielleicht die Mehrzahl sich durch Anpassung, äußeren oder auch inneren Zwang (um Vereinsamung zu vermeiden und Liebe von der Umgebung zu bekommen) in die «normale» Welt der Erwachsenen hineinfinden; in naher Zukunft dürfte das immer schwerer und seltener gelingen. *Und das ist unsere Hoffnung.* Heute kann man noch die kindlichen «Aussteiger» als abnormale Wesen behandeln und in eine Ecke der Zivilisation drängen; aber mit ihrer wachsenden Anzahl wird das nicht mehr möglich sein. Die Frage ist: Wer wird den Protest verstehen? Wer wird die Symptome der pervertierten Kreativität und Originalität «zurechtheilen»? Wie kann sich der ursprüngliche Impuls einer geistigeren Kultur durchsetzen? (Die letzte Frage wird tiefgehend und pessimistisch in dem letzten Roman *Island* von Aldous Huxley behandelt.) Wenigstens sollten wir die hereinbrechenden geistigen Impulse nicht missverstehen und nicht in den Abfalleimer der Zivilisation hineinkanalisieren.

II.
PRAKTIKUM

17.
Die Aufmerksamkeit

Je formfreier die Aufmerksamkeit ist, umso tiefer erkennen wir. Die erkrankte Seele leidet an Aufmerksamkeitsmangel, weil große Teile der Aufmerksamkeit in nicht-sinnvollen, d. h. nicht-kommunikativen Formen gebunden sind. Solche Form ist z. B. die Egoität oder das Mich-Empfinden – die Grundlage aller anderen nicht-kommunikativen Formen.[38] Das sind zum überwiegenden Teil Gefühls- und Willensformen, aber auch im Denken gibt es Fixierungen oder Schwierigkeiten beziehungsweise die Unfähigkeit, sich auf neue Gedanken oder Gedankengänge einzulassen. Selbst die gesunde Aufmerksamkeit bewegt sich nicht ganz formfrei. So ist beispielsweise bekannt, wie weitgehend die Muttersprache und die Umgebung, in der ein Mensch aufwächst und erzogen wird, die Denkart oder die Gemütsreaktionen beeinflusst. Der Denkstil ist eine – wenn auch großzügig unscharfe – Form, und schon allein, dass man das Denken zum Erkennen der «gegebenen» Welt verwendet, bedeutet eine gewisse Formung: das Gegebenwerden ist schon durch nicht-bewusst bereitstehende Begriffe geprägt, es sei denn, dass der Erkennende diese Geprägtheit bewusst auflöst. Lockert sich der Stil des denkerischen Erkennens, so kann sich das Erkennen vom Denkerischen ins Fühlende wandeln oder auch in das Wollende – in den prägbaren empfangenden Willen.[39]

Ziel des Erziehenden wäre es, die aktuelle Seelenverfassung des Kindes und das dahinterstehende Ich-Wesen in seiner jeweiligen Metamorphose immer besser zu erkennen. Das, was es hier zu erkennen gilt, sind «Formen», die man mit Worten nicht beschreiben kann, weil sie im Vergleich zu den beschreibbaren Formen fließender, wandelbarer und großzügiger sind. Um es mit einer Analogie zu erklären: Es ist schon unmöglich, ein Musikstück oder eine Melodie mit Worten zu bezeichnen, um wie viel weniger den Stil des Komponisten – obwohl wir das eine wie das andere sofort wiederzuerkennen vermögen. Dabei ist klar, dass der Stil formfreier ist als ein Stück oder eine Melodie des Komponisten. Immerhin ist auch der Stil eine «Formung» und kann sich im Laufe des Lebens verändern: Das Ich oder die schöpferische Aufmerksamkeit ist im Prinzip noch freier.

Wie schon ausgeführt: Was wir auch erkennen, ist eine Metamorphose unserer Aufmerksamkeit, der denkenden oder fühlenden oder wollenden, wobei keine je allein wirksam ist und jede ihrerseits unendlich differenziert sein kann (z. B. in der Farb- und Geschmackswahrnehmung). Wenn sich die Aufmerksamkeit über die Willensqualität hinaus steigert, wird sie zu einer Art von Sein. Dieses kann «Liebe» genannt werden, da es auf Einigung und Einheit gerichtet ist. Diese höchsten Aufmerksamkeitsqualitäten werden in verschiedenen Traditionen als «Leerheit», «Formfreiheit», «Licht» beschrieben, ein Sein, das Existenz und Nicht-Existenz (im gewöhnlichen Sinne) transzendiert. Ohne sie zu erfahren, bleiben die Bezeichnungen Worte, Vorstellungen, die von dem Angedeuteten geradezu ablenken. Im Erkennen oder Erfahren nimmt unsere Aufmerksamkeit jeweils die Form und Qualität an, die wir erkennen oder erfahren und als das Erkannte/Erfahrene bezeichnen. Wir erkennen die Aufmerksamkeitsmetamorphose als das «Erkenntnisbild» (Thomas von Aquin) und halten es für *die* Realität. Diese kann sich erfahrungsgemäß verändern, wenn sich die Erkenntnisfähigkeit – die spezifische Aufmerksamkeit – wandelt.

Nun ist alles, was an einem Menschen zu erkennen wäre, weitgehend «formfrei» im Vergleich zu den Dingen. Daher ist zum Erkennen eines Kindes eine weitgehend formfreie Aufmerksamkeit notwendig, um die unbenennbaren und bei jedem Menschen einzigartigen Qualitäten erkennen zu können. Grobe Formungen der Aufmerksamkeit sind zum Beispiel Voreingenommenheit, Vorurteil, Wunschdenken. Schon sie aufzulösen ist keineswegs leicht. Dann käme das Auflösen des Denkens in Worten an die Reihe,[40] die Entwicklung des übersprachlichen Denkens; dann die Auflösung der gegebenen Begrifflichkeiten – ein Hinüberwechseln in das *begriffsbildende* «Denken», in das fühlende Erkennen usw. Je mehr die Aufmerksamkeit geformt ist, desto weniger kann sie sich in Formen hineinbegeben, die zu erkennen wären. Zur Auflösung der Formen dienen Aufmerksamkeitsübungen, vor allem die so genannte Konzentrationsübung (18. Kap.).

Die Formen spielen eine wichtige Rolle in der Entwicklung des Ich-Bewusstseins. Ein Ich-Bewusstsein jedoch, das sich in Formen ergeht, ist ein seelisches; ein Ich-Bewusstsein, das relativ ohne Formen besteht, wäre ein geistiges Ich-Bewusstsein.[40a] Das Kleinkind ist als seelisch-geistiges Wesen anfangs mit dem vererbten Körper noch kaum verbunden und lebt noch ganz in der Geistigkeit. Mit der Bildung der Egoität, wenn es in der ersten Person zu sprechen beginnt, nimmt die Ich-Substanz, die Aufmerksamkeit, die erste nicht-kommunikative und dadurch ständige Form an, und sie ist es, die das geistig-seelische Wesen aus der Geistigkeit heraustrennt. Zugleich ist diese Formung der Widerstand (7. Kap.), der das Erkennen ermöglicht. An den Formungen entzündet sich das erste Ich-Bewusstsein, ein Ersatz, solange die Bewusstseinsseele oder das Geistselbst nicht gebildet wird. Daher muss die Auflösung der nicht-kommunikativen Formen Hand in Hand mit der Bildung der stufenweise immer formfreieren Arten des Ich-Bewusstseins (Bewusstseinsseele, Geistselbst usw.) gehen. In der Konzentrationsübung werden beide Ziele verfolgt.

Besinnungsthema:
19. Zu jeder Erfahrung ist die Aufmerksamkeit notwendig.

Meditationsthema: 18. Die Aufmerksamkeit sucht sich selbst.

18.
Die Konzentrationsübung[41]

Die Aufmerksamkeit des Erwachsenen ist selten auf ein einziges Thema gerichtet, eigentlich nur dann, wenn das Thema sehr anziehend ist oder aber wenn die Pflicht es fordert. Im letzteren Falle können sich schon Probleme zeigen. Im Alltag gleicht die Aufmerksamkeit einem Wollknäuel, mit dem zehn Katzen stundenlang gespielt haben. Zum Teil zwingt uns das Leben dazu, die Aufmerksamkeit gleichzeitig auf mehrere Objekte zu richten. Wir erfahren sie auch nie als solche, das heißt an sich oder leer, sondern erst in dem Augenblick, wenn sie sich schon in ein Erkenntnisbild metamorphosiert. Daher scheint uns eine Objektwelt zu umgeben, ohne dass wir fragen würden, wie und wem sie erscheint. Dass die Aufmerksamkeit an sich nicht bewusst erfahren wird, deutet darauf hin, dass ihre Quelle im Überbewussten liegt.

Für die grundlegende Übung wählen wir einen einfachen, uns geläufigen Gegenstand (Knopf, Nadel, Löffel, Bleistift, Ring oder Ähnliches) und schauen ihn, wenn nötig, sorgfältig an; dann legen wir ihn weg oder schließen die Augen und versuchen uns den Gegenstand vorzustellen. Das wird umso besser gelingen, je mehr wir das Bild «kommen lassen», wie eine Erinnerung. Als ob wir innerlich fragten: Wie sieht der Gegenstand aus? Erfahrungsgemäß ist das Bild sehr flüchtig – andere Bilder, Gedanken usw. tauchen bald auf –, daher versuchen wir es durch «Ansprechen» zu halten: «Bleib noch ein wenig», «Keine Eile», aber wir können auch etwas beliebiges anderes sagen und es sogar wegschicken: «Geh, wenn du willst» – solange wir es *ansprechen*, wird das Bild bleiben. Natürlich sind Worte (im Denken) nur anfangs notwendig, später können wir das «Ansprechen» auch mit einem vorgestellten (Laut «Hm, hei») verwirklichen und noch später allein durch den inneren Blick. – Die Blicke im einfachen «Sehen» und im «Ansprechen» sind verschieden. So wird das Halten des Bildes mit einem unverkrampften, sanften Willen getan.

Durch das Halten des Bildes und wenn wir uns den Gegenstand in seinem Funktionieren vorstellen (z. B. den Löffel löffelnd), wächst die Intensität der Aufmerksamkeit. Das führt zu einem wichtigen Wendepunkt im Erleben – nämlich dass wir uns mit dem funktionierenden Gegenstand oder mit seiner Idee identisch fühlen. Anders gesagt, wir erleben das Verstehen des Gegenstandes bewusst und dauernd – das Verstehen im Alltagsleben ist auch ein Identischwerden der (denkenden) Aufmerksamkeit mit dem, was wir verstehen, nur ist dieses Erleben homöopathisch kurz (wie die Geistesgegenwart) und wird deshalb nicht bewusst. Ähnliche Identitätserlebnisse kann man im Theater haben oder beim Musikhören: In beiden Fällen bleibt das Erlebte nicht Objekt. Die Aufmerksamkeit kann sich unbegrenzt steigern und unmittelbar nach der Identitätserfahrung kann sie sich noch in freiem Zustand erleben. Diese Erfahrung heißt «Ich-bin-Erlebnis», es ist die Bildung des ersten wahren Ich, des geistigen Selbst und Selbstbewusstseins. Blitzt diese Erfahrung auf, so wird sie Bewusstseinsseele, erhält sie Dauer, so wird sie Geistseele genannt.[42]

Ein nicht weniger wichtiges Ergebnis dieser Übung kann darin bestehen, dass die Aufmerksamkeit eine bestimmte Gerichtetheit erlangt, so dass sie von ihrem Ursprung zum Thema einen geraden Strom bildet. Dadurch kommt Ordnung in das Denk-, Gefühls- und Willensleben, das ohne solche Übung heute bei den meisten chaotisch ist. Man wird in seinem Wesen konzentriert, wird mehr und mehr Gestalter des Seelenlebens, was natürlich auch mit dem Ich-Erlebnis zusammenhängt.

Je intensiver der Aufmerksamkeitsstrom wird, desto formfreier kann sich das Ich erleben, d. h. umso näher kommt es seiner überbewussten Quelle, und die Annäherung an diese Quelle bedeutet – zusammen mit den Ich-Erlebnissen – die Möglichkeit geistiger Erfahrungen. Denn das menschliche Überbewusste als Quelle der Aufmerksamkeit mündet ein in die geistige Welt, wo das Seelisch-Geistige des Menschen vor der Geburt gewohnt hat. Das Überbewusste (die «höheren Wesensglieder») ist derjenige Teil des Seelisch-Geistigen, der sich nicht mit dem vererbten Organismus verbindet. Das Ich-Bewusstsein kann sich durch Konzentration in die Sphäre des Überbewussten erheben.

Die immer formfreier werdende Aufmerksamkeit ist geeignet, die Aufmerksamkeitsqualität der Kinder oder eines Erwachsenen zu erfahren, d. h. die Individualität und ihre möglichen Wege in ihrer aktuellen Metamorphose zu erfassen. Zugleich verleiht sie auch die Fähigkeit, die notwendigen pädagogischen Schritte improvisieren zu können. Dies ist möglich, weil der Übende ichbewusst durch die Erlebnisse geht, die das Kleinkind – ohne Ich-Bewusstsein, noch im Einheitsbewusstsein – bis zur Bildung der Egoität durchschritten hat. Diese Arten des Erlebens reichen von dem Einheitsbewusstsein, für das wir keine Beschreibungsmöglichkeit haben, über das Erleben der Welt als Wille, Fühlen, Werden, die kontinuierlich ineinander überwechseln, bis hin zum Erleben der Objektwelt in Dualität. Sie entsteht gleichzeitig mit dem Mich-Fühlen. Dieses und die Egoität sind der Ausgangspunkt des Übenden. Das Ich-bin-Erlebnis beginnt unmittelbar nachdem er die Identität mit dem Thema erreicht hat. Bei genügender Aufmerksamkeitsintensität leuchtet es als Erfahrung ein, dass alle Bewusstseinserlebnisse – auch das Bild des gewählten Gegenstandes – Metamorphosen unserer Aufmerksamkeit sind, und da die Aufmerksamkeit die «Substanz» unseres wahren Ich ist,[43] kommt die Identitätserfahrung zustande.[44] Nach diesem Wendepunkt beginnt die Aufmerksamkeit sich selbst als solche zu erfahren und läuft in dieser Erfahrung ihren Weg rückwärts bis zu ihrer Quelle zurück. Die Heilkraft dieser Übung ist mannigfaltig; vor allem kommt durch sie Ordnung in die Seele. Sie wird als Ruhe erlebt.

Besinnungsthema:

20. Aufmerksamkeit, Denken, Fühlen, Wollen, Erinnern usw. sind Geschenke.

Meditationsthema:

19. Konzentriertheit führt zu ihrer eigenen Quelle.

19.
Die innere Haltung

Wenn wir den Inhalt der ersten sieben Kapitel (Phänomenologie) dieses Büchleins verstanden haben und daraus durch Anwendung unseres Verstandes für unser Verhalten dem Kleinkind gegenüber Konsequenzen ziehen, so ist das ein Zeichen des guten Willens, aber im Erziehen werden wir praktisch nicht viel verändern können. Denn die seelisch-geistige Wesenheit des Menschen wird durch Verstandesargumente bekanntlich kaum verändert und eben sie ist für das Kind maßgebend, das *wirkliche* Verhalten, das aus der ganzen Seele folgt. Es ist natürlich besser, wenn ein Wutausbruch zurückgehalten, anstatt ausgelebt wird; Wut in der Seele des Erwachsenen, ob sie sich zeigt oder nicht, ist für das Kind aber jedenfalls Wirklichkeit, das heißt sie wirkt auf es. Wir alle wissen, wie schwierig es zu erreichen ist, dass überhaupt keine Wut in uns aufkommt. Und gerade das wäre dem Kind zu wünschen.

Der Verstand hat die Aufgabe, die Forschungsresultate zu verstehen. Damit verändert sich der Mensch nicht weitgehend genug; doch er kennt wenigstens die Richtung seiner Selbsterziehung. Veränderungen an unserem Wesen kommen meistens durch Erfahrungen zustande. Einfache Wahrnehmungen oder Gedanken können nicht als Erfahrungen fungieren. Wenn eine Erkenntnis Erfahrungsqualität erhält, eventuell auch wiederholt, kann uns das ganzheitlich verändern. Erkenntnis wird dadurch zu Erfahrung, dass sie nicht bloß Gedachtes bleibt, sondern im lebendigen (wortlosen, übersprachlichen) Denken im erkennenden Fühlen und Wollen wirkt, das heißt Wirklichkeit wird. Ein Inhalt wird Erfahrung, wenn die Aufmerksamkeit, die diesen

Inhalt denkt oder fühlt oder im Willen hat, sich zugleich in ihrem Tun erlebt.

Nachdem der Verstand einen Inhalt begriffen hat, führt Besinnung (vertieftes, konzentriertes Denken) des Begriffenen und anschließendes Meditieren[45] des durch die Besinnung gegangenen Inhaltes in die Seelenzone, wo es Erfahrung wird. Dazu dienen die Besinnungen und Meditationen im Text. Einfach gesagt, ist Meditieren ein tiefes Konzentrieren auf das Thema, auf eine Idee.

Man kann die neu erwachende Fähigkeit zur Improvisation auch «Einfühlen», «Empathie» nennen. Wenn man *fühlt*, was in einem Kind vor sich geht, erfasst man meistens auch, was zu tun wäre. Man kann diese Fähigkeit als meditatives Sehen bezeichnen. Gute, «geborene» Kindergärtnerinnen entwickeln sie in einigen Jahren der Ausübung ihres Berufes, andere könnten sie durch Übungen erreichen.

Fassen wir zusammen, was die Phänomenologie des Kindes uns begreiflich macht.

Das Kind ist, wie der Erwachsene, ein geistiges Wesen, das sich einer Leiblichkeit bedient, um in der irdischen Welt zurechtzukommen. Da das geistige Wesen nicht sinnlich wahrnehmbar ist, sehen wir das Kind und auch den Erwachsenen meistens nur als Körperlichkeit, die die Trägerin von gewissen Erinnerungen, Gewohnheiten, Gedanken, Gefühlen, Willensäußerungen ist. Haben wir einmal unser geistiges Ich als Selbstbewusstseinsseele oder Geistselbst erlebt, dann wissen wir in unserem ganzen Wesen, dass alle Menschen, auch die Kleinkinder, diese Wesenheit als Möglichkeit in sich tragen. Das heißt unsere Sicht des Menschen und des Kindes ändert sich. Wir betrachten die Sinneswahrnehmung wie jemand, der lesen kann, einen Text. Wer nicht lesen kann, sieht bloß das sinnlich Wahrnehmbare am Text. Lernt er lesen, so verändert sich sein Wahrnehmen: Zumindest weiß er, dass im Sichtbaren ein Sinn zu finden ist und dass dieser Sinn das Sichtbare hervorgebracht hat.

So erlangt man Achtung vor dem Menschen, auch vor dem

Kind. Mit dieser Einstellung wird man laufend neue Äußerungen am Kind entdecken, die nicht aus seiner Körperlichkeit, sondern aus seinem geistigen Wesen stammen. Das sind vor allem die nicht-vererbten spezifisch menschlichen Fähigkeiten und ihre Zeichen (s. 4. Kap.). Wir werden auch aufmerksam hinhören und es nicht etwa als Fantasiegebilde abtun, wenn das Kind manchmal von seinen noch vorhandenen geistigen Erfahrungen berichtet.

Wie bei den von Menschen geschaffenen Gegenständen vor dem Realisieren des Gegenstandes dessen Sinn (die Funktion) da sein muss (ähnlich wie beim Kommunizieren *das*, was in den Zeichen erscheint, den Zeichen vorangehen muss), so lassen sich auch die nicht-menschengemachten Dinge betrachten: als Zeichen, die wir zunächst nicht lesen können. Alles, was wir durch die Sinne an der Natur wahrnehmen, ist Zeichen. So sieht das Kleinkind die Sinneswelt. Wir können durch die Wahrnehmungsmeditation zu dieser Erfahrung kommen.[46] Die Sinneswelt ist Zeichen für Bedeutungen. Die Natur ist festgehaltener einstiger schöpferischer Wille, sie strahlt Fühlen und Sinn aus. Es ist nicht schwer, das ausgestrahlte Fühlen zu erleben, wenn auch zunächst, ohne es zu verstehen. Diese Erfahrung ist wichtig, weil sie unser Verhältnis zur Natur verwandelt, ohne Sentimentalität und ohne letztlich auch «nützlichkeitsbestimmte» (was wird mit der Menschheit, wenn die natürlichen Ressourcen ausgehen?) Rationalität. Und wir kommen so der Erlebnisweise des Kleinkindes einen Schritt näher.

Haben wir einmal erfasst, dass in einer Welt, wo Stoffliches nicht existiert, nur direkte, unvermittelte Kommunikation sein kann (keine Zeichen), dann erahnen wir mindestens, dass in jener Welt das Sein aus solcher Art von Kommunikation besteht und dass das Kind als Geistseele aus dieser Welt in unsere kommt. Es erhält eine vererbte Leiblichkeit und seine Aufgabe wie auch die der helfenden Umwelt ist, die Verbindung der Geistseele mit dieser Leiblichkeit zu entwickeln. Durch die Ausdrucksgebärden, vor allem durch das Sprechen, wird der Leib vom Geiste ergriffen, da die Leiblichkeit ursprünglich die Zeichenseite des Menschen ist, die Geistseele aber die Bedeutungsseite, die ihren wechselnden Sinn durch den Körper kundgibt. Es ist eine Erfahrung, dass Kinder, die das Sprechen (es muss nicht verbal, sondern kann auch passiv, vernehmend sein) nicht entwickeln, bei denen also kein Dialog mit der Umgebung stattfindet, auch ihren Körper nicht richtig ergreifen. Die Hilfe, die das Kind diesbezüglich von der erwachsenen Umgebung erhalten kann, ist die Initiative zu kommunizieren, das Sprechen zum Kind. Dieses «Sprechen» muss am Anfang – etwa bis zum 4.-5. Monat – gar nicht hörbar sein, doch es sollte mit ganzer Hingabe geschehen, wie auch die späteren Gespräche. Man sollte in einfachen Worten, aber keineswegs «kindisch», babbelnd sprechen und auch nicht ständig auf das kleine Kind einreden. Lassen wir es ruhig viel allein, damit es Möglichkeit hat, das Vernommene zu verarbeiten. Warten wir ab, bis es von sich aus den Faden wieder aufnimmt.

Zur grundlegenden Haltung des Erziehenden gehört das Bestreben, sich über Erscheinungen, die man sonst mit Selbstverständlichkeit hinnimmt, wundern zu können. Für das Kleinkind ist das Sich-Wundern wie gegeben, weil es dazu nicht mit dem Hindernis des Erwachsenen zu kämpfen hat: alle Erscheinungen sofort mit schon vorhandenen Begrifflichkeiten zu «begießen» und zu verdecken. Die Übung der Unvoreingenommenheit[47] kann uns dazu führen, die Begriffe zurückzuhalten, so dass wir dem Phänomen begegnen wie beim allerersten Mal. Obwohl es nur Ersatz für die zwangsläufig verlorene direkte Kommunikation ist (zu der die Erwachsenen ja nicht fähig sind), scheint das Sprechen, das Kommunizieren-Können durch Zeichen für das kleine Kind ein Wunder und eine Freude zu sein – es ist bestrebt, dieses Wunder wiederholt zu erleben. Wenn wir uns darauf besinnen, ist es auch ein Wunder, dass wir uns als Erwachsene manchmal verstehen können.

Das Prinzip der Selbstentwicklung besteht darin, dass wir versuchen, die Erlebnisart des Kleinkindes bewusst in uns zu verwirklichen. Gelingt uns das nicht, so ist es schon hilfreich, von dieser Erlebnisweise zu wissen, wenn dies auch meistens für den Umgang mit dem Kind wirkungslos bleibt. So ist es auch mit dem grundlegenden Impuls im Kleinkind, Gutes zu tun. Entdeckt der Erwachsene das nicht in sich selber – ohne sich diese Erfahrung sentimental einzubilden –, wird er diesen Impuls am Kleinkind kaum bemerken können. Es sollte zu den unerschütterlichen Überzeugungen gehören, dass der Mensch ursprünglich zum Guten gestimmt ist und dass die Egoität erst später – als notwendige Zwischenstufe in der Entwicklung – auftritt. Würde sie sich nicht entwickeln, so hätten wir es mit einer Art von Behinderung zu tun.

Die Notwendigkeit einer Selbsterziehung des Erwachsenen und deren Richtung ist in der Prägbarkeit des Kleinkindes begründet, die gewöhnlich als «Nachahmung» aufgefasst wird. Was wir *sind*, dadurch wird das Kind – individuell verschieden – mehr oder weniger geprägt. Was wir von uns sagen und denken, unsere diesbezüglichen Illusionen sind für das Kind so gut wie nicht existent.

In Bezug auf Sternkinder entsteht zum Beispiel das Problem des «Respekts», den sie beanspruchen. Dieser muss *echt* sein; mit so-tun-als-ob erreichen wir nur, dass diese Kinder uns als Lügner empfinden. Die Frage kann so gestellt werden: Haben wir Respekt vor uns selber? – Doch nur dann, wenn wir uns als geistige Wesen erfahren, sonst hätten wir wenig Grund, uns selber zu respektieren. Hätten wir diese Erfahrung, so sähen wir in jedem Menschen, auch in den Kindern, den, der unseren Respekt verdient.

Aus dem Gesagten dürfte klar geworden sein, wie wichtig es ist, in der Phase des passiven Spracherwerbs, wenn es noch nicht aktiv spricht, sondern nur versteht, mit dem Kind zu sprechen. In dieser Zeit ist die ganze Aufmerksamkeit des Kindes empfangend, und da es selbst noch nicht spricht, im Aufnehmen ungeteilt. Dabei sollte der Sprechende sich mit seiner ganzen Aufmerksamkeit dem Kind zuwenden. Sonst wird hinter den akustischen Zeichen die innere Realität der Rede nur teilweise, bruchstückhaft anwesend sein, und eben diese innere Realität ist es, aus der das Kind die Bedeutung des Gesprochenen durch unmittelbare Erfahrung entnehmen kann. Wenn der Erwachsene dem Kind etwas mitteilt und dabei außer der eigentlichen Mitteilung auch die Sorgen des Tages, Probleme und Befürchtungen in seinem Bewusstsein hat, kann das Kind nicht wissen, welche inhaltlichen Teile zu den akustischen Zeichen gehören: Ein undeutliches, konfuses Denken wird die Folge sein. Es ist auch klar, dass ein Kind vom Tonband oder mittels irgendeiner anderen Einrichtung, hinter der kein anwesendes und aktuell wirksames Bewusstsein steht, nur auf «Papageienart» sprechen lernen wird; während eine partielle Aufmerksamkeit, eine nicht volle Hinwendung des Erwachsenen zum Kind in der Phase des Spracherwerbs mit großer Wahrscheinlichkeit Sprach- und Verhaltensstörungen zur Folge hat. Offenkundig ist es am besten, sich auf den Inhalt zu konzentrieren, wenn man mit dem Kind spricht.

Die Muttersprache bietet dem Kind nicht nur Wort-Begriffe, sondern auch eine Grammatik, in der (zusammen mit dem Wortschatz) eine spezifische Denkart, ein Denkstil, ein Gedankensystem verborgen ist. Da das Kind auf Sinn gestimmt geboren wird, ist es fähig, grammatisch richtig zu sprechen, ohne die Regeln, die grammatischen Begriffe bewusst zu kennen. Und der Erwachsene spricht eine Sprache, auch eine Fremdsprache, gerade dann gut, wenn er die Regel «vergessen» hat. Eine Sprache ist eine organische Einheit oder Ganzheit. Diese wird vom Kind überbewusst und im Fühlen aufgefasst (deshalb verwechselt ein mehrsprachig aufwachsendes Kind nicht die Wörter, die Phonetik und die Grammatik der Sprachen). Es ist wesentlich, dass die erwachsene Umgebung, über die volle Hinwendung hinaus, dem Kind die Muttersprache rein, unverzerrt und lautlich klar vermittelt.

Besinnungsthema:
22. Was ist die wichtigste Aufgabe des Erwachsenen, wenn er ein Kleinkind zu erziehen hat?

Meditationsthema: 21. Das Licht ist formfrei.

---

* Im Hinblick auf die innere Haltung des Erwachsenen zum Kind empfehle ich die Bücher von Henning Köhler hinzuzuziehen, besonders aber *Schwierige Kinder gibt es nicht* und *Was haben wir nur falsch gemacht?*.

20.
Sinnesentwicklung, Spracherwerb, Begriffsbildung

Die Differenzierung der einzelnen Sinnesbereiche aus dem Ursinn ist eine Entwicklung im Begriffsschatz, denn wir nehmen weitgehend «begrifflich» wahr, das heißt wir nehmen wahr, wofür wir eine Begrifflichkeit haben, oder sie geht im Wahrnehmen auf.[48] Das Wort «Begrifflichkeit» anstatt «Begriff» wird deswegen gebraucht, weil sie auch die nicht mit dem Denken, sondern mit dem Fühlen und mit dem umgekehrten Willen erfassten Formen, Strukturen bezeichnet, wie «Begriff» die Formen im Denken bedeutet. Beim Kind entstehen zuerst Strukturen im Fühlen und im Willen. Das kann sich am besten vollziehen, wenn die erwachsene Umgebung versucht, die Worte, die Begriffe zu erleben. Gewöhnlich erleben wir die Wörter in unserem Fühlen und Wollen nicht. Wenn ein Kind ein gehörtes Wort verstehen, das heißt seine Bedeutung erfassen soll, muss es seine Bedeutung erleben. Der Sprechende kann ihm dazu verhelfen, indem er sich die Bildhaftigkeit des Wortes, falls es eine solche hat, während des Aussprechens in seinem Bewusstsein vorstellt. Denn Bilder sind aus Fühlen, aus fühlendem Wollen gestaltet. Das Wort soll nicht in seine Laute zerlegt, sondern als Bild vorgestellt werden. Wörter, die nicht Zeichen für etwas sinnlich Wahrnehmbares sind, wie beispielsweise Adverbien, können auch als innere Gebärden gefühlt werden, umso leichter, je konzentrierter man sie beim Sprechen mitdenkt, mitmacht. Diese innere Gebärde – als Beispiele nehmen wir «aber», «oder», «obwohl» –, ist nicht beschreibbar, sie ist jedoch fühlbar, und dieses Fühlen im Sprechenden hilft dem Kind beim fühlenden Verstehen. Man kann das Fühlen der inneren Gebärden üben, indem man Wörter dieser Art in ihrem Gebärdenwesen konzentriert miteinander vergleicht, ohne es in Worten zu beschreiben, da sie in ihrer Bedeutung gerade die Unmöglichkeit des Beschreibens ersetzen. Dasselbe kann man mit anderen Wortarten, Adjektiven (tief, rot, schwer), Hauptwörtern (Fühlen, Schmerz, Fleiß) usw. tun. Wohl gemerkt, es geht nicht um die Laute oder die Lautstruktur, sondern um die Bedeutung, von der das Wort seine Gefühlsfarbe erhält. Es ist nicht zu vergessen, dass das Kind in den Wörtern zunächst die Urbedeutung erfasst, das, wodurch sie in ganz unterschiedlichen Zusammenhängen verwendet werden können (zum Beispiel *Ende* des Weges, Tages, der Freundschaft, des Fleißes).

Selbstverständlich gehört zu der Sinnesentwicklung eine reiche Wahrnehmungswelt. Da die Differenzierung des Ursinnes im Fühlen-Wollen beginnt, ist es angebracht, das Kind mit einer gefühlsreichen Wahrnehmungswelt in Kontakt zu bringen, das heißt mit Naturgegenständen, natürlichen Stoffen und aus diesen hergestellten Dingen, da wir für die Natur keine Begriffe, nur begriffsersetzende Namen haben und so die fühlende Beziehung durch das Denkerische nicht gestört wird.

Im Hinblick auf den Spracherwerb sollte außer dem schon Erwähnten ein weiterer Zug im Sprechen zum Kind unterstrichen werden: die Ehrlichkeit. Der Erwachsene soll *ehrlich* reden (eine Forderung, die eigentlich für jegliches Sprechen gilt), nur das sagen, was er wirklich meint. Tut er das nicht, so wird es für das Kind schwere Folgen haben. Wenn der Sprechende anderes denkt, fühlt, will, als er redet, wird das Kind «verwirrt» – es erfasst ja alles, was in der Seele des Sprechenden lebt. Wie es in der geistigen Welt keine Verstellung und kein Missverstehen gibt, so sind wir für das Kind durchsichtig, oft noch lange nach dem Erscheinen der Egoität.

Der Erwachsene könnte die allgemeine pädagogische Aufgabe auf negative Weise so formulieren: Ich muss das Kind vor mir selber schützen.

Da das Kleinkind seine ersten Begriffe nicht durch Sinneswahrnehmungen erhält, wie in der naiven Kinderpsychologie angenommen (nach demselben Muster, wie man sich fälschlicherweise die Begriffsbildung des Erwachsenen vorstellt), sondern durch direkte, zeichenlose Kommunikation, sollte in der Seele des Erwachsenen Hygiene und Klarheit in Bezug auf das Begriffsleben herrschen. Er sollte sich darüber im Klaren sein, was für ihn begrifflich klar verständlich und was bloß eine mehr oder minder undurchsichtige Worthülse ist. Wir haben und verwenden im Alltag eine große Anzahl von Wörtern, deren Bedeutung wir nicht völlig verstehen. Da das Kind von uns seine ersten Begriffe bezieht, überträgt sich unsere Unklarheit auf das Kind. Die Halbbegriffe sind wegen des emotional-egoistischen Haftens an ihnen von sehr zähem Charakter und treten an die Stelle des Verständnisses. Das ist eine der Quellen konfusen Denkens beim Kind, wie beim Erwachsenen. Es ist daher angebracht, von Zeit zu Zeit eine bewusste Revision unserer Urteile, Begriffe, verwendeten Wörter und Gewohnheiten vorzunehmen.

Die Klarheit oder Durchsichtigkeit unserer Begriffe ist für die Sternkinder besonders wichtig, weil sie noch lange nach dem Beginn des Sprechens in der ersten Person die innere Unsicherheit bemerken, die im Sprechenden aufkommt, wenn er Wörter verwendet, hinter denen kein vollständiges Verstehen steht.

Besinnungsthema:
23. Suchen wir das Gefühl, das uns anzeigt, welche «Begriffe» in uns unklar sind.

Meditationsthema: 22. Im Verstehen ist alles Licht.

21.

Das Mich-Empfinden

Die Entwicklung des Mich-Empfindens ist ein Geschehen mit
doppeltem Antlitz. Es trennt das Bewusstsein von seinen Quellen
und macht dadurch den Menschen mehr oder weniger unabhängig von den Impulsen der geistigen Welt, bildet also die Basis
seiner späteren Freiheit, seines wahren Selbstbewusstseins, seines
wahren Ich.[49]

Damit Mich-Empfinden entstehen kann, müssen Empfin-
dungskräfte aus dem Empfindungsleib erst einmal frei werden
und sich dann zu einem sekundären «Leib», zu einer Form gestalten. Der Empfindungsleib ist eine Wahrnehmungen empfangende und auf sie reagierende Form. Sie steuert im Menschen die
biologischen Prozesse entsprechend dem seelischen Zustand.
Fühlt sich der Mensch in Gefahr, dann verändern sich durch
nicht-bewusste Steuerung der Blutdruck, der Puls, die chemische
Zusammensetzung des Blutes und des Gehirns, der Atem usw.
Von Geburt an werden durch den Einfluss der (nicht selbstbewussten) Geistseele Kräfte aus allen Leibteilen frei, die zunächst zu
Erkenntnis- oder Aufmerksamkeits- oder (mit anderen Worten)
Liebeskräften werden. Unter dem Einfluss der egoistischen Umgebung werden sie zum Teil zu der neuen Form geprägt, und dieser
Vorgang wird durch das Nicht-Verwenden der frei gewordenen
Kräfte beschleunigt und verstärkt. – Das Freiwerden der Kräfte
kann an dem bekanntesten Beispiel des Zahnwechsels um das
siebente Lebensjahr herum verstanden werden. Die Lebenskräfte,
die die zweiten Zähne hervorbringen, werden frei und können als
Intelligenzkräfte für das Lernen verwendet werden. Deshalb ist
der Zahnwechsel ein Zeichen der Schulreife. –

Es wäre wichtig, den Prozess zu verfolgen und zu beeinflussen, denn mit der Entwicklung der neuen Empfindungsform – sie kann Ich-Leib genannt werden –, des Mich-Empfindens, wird der Zugang zur Geistigkeit und die direkte Kommunikation beeinträchtigt. Hat das Kind bis zu diesem Zeitpunkt die Muttersprache noch nicht genügend verinnerlicht, so wird das später immer schwieriger. Auch die Entwicklung des Denkens wird beeinflusst, denn im Anfang ist das Denken inspiriert, das heißt es wird vom erkennenden Fühlen geleitet (was sich später auf das Logizitäts- oder Evidenzgefühl beschränkt) und begleitet. Je mehr Abstraktes, Technisches, Rationales dem Kind im Alter von ein bis drei Jahren begegnet, desto früher und tiefer trennt sich das Denken aus dem erkennenden Fühlen heraus. Dadurch verliert das Fühlen seinen erkennenden Charakter und der Impuls zum Mich-Empfinden wird verstärkt. Das Denken wird kälter, rationaler, weniger intuitiv.[50] Der Kontakt mit älteren Geschwistern und Kindern, bei denen die Egoität schon entwickelt ist, beschleunigt deren Bildung beim kleineren Kind; daher reifen die zweiten Kinder meistens schneller heran als die ersten.

Der Erwachsene kann diese Veränderungen beeinflussen, vor allem durch seine eigene Seelenstruktur, das heißt dadurch, wie weit sein eigenes Leben von Egoität gelenkt wird. Anders gesagt: wie weit er ein liebendes Wesen ist. Außer dieser grundlegenden Einwirkung kann das Freiwerden der fühlenden Kräfte durch Beschäftigung mit möglichst künstlerischen Bildern (Bilderbücher) und durch Märchenerzählen in gesunder Weise gefördert werden, da die Märchen eigentlich Bilderreihen sind und man sich diese Bilder vorstellen muss, sonst kommt das Märchen gar nicht an. Auch verbinden Märchen das erkennende Fühlen mit dem Denken. Man sollte Volksmärchen zum Erzählen auswählen (keine belehrenden Geschichten), die sich durch Generationen bei vielen Menschen bewährt haben.

Der gute Erzähler erlebt die Märchenbilder in seinem Fühlen. Das lässt sich durch Meditieren der Bilder erreichen;[51] dadurch kann das erkennende Fühlen in Bezug auf die Bilder wachgerufen werden. Jedes «Deuten» der Märchen durch eine Theorie oder Weltanschauung wirkt dieser Fähigkeit entgegen.

Wenn der Erzieher weiß, was im Kind durch die Entstehung der Egoität vor sich geht, wird er die damit verbundene «Trotzphase» entsprechend einschätzen und behandeln können.

Weil die mich-empfindende Hülle bei den Sternkindern dünn, das heißt weniger entwickelt ist als bei den «Normalen», werden weniger freie Kräfte in sie eingebunden, daher bleibt ein großer Überschuss von ihnen frei vorhanden. Das zeigt sich in der ungeheuren Energie der Sternkinder, die Beschäftigung sucht. – Viele dieser Kinder wachsen sehr früh aus dem «Märchenalter» heraus, einerseits weil sie die Geistigkeit unmittelbarer und intensiver erfahren, ja, teilweise in ihr leben; andererseits weil diese sich auch früher dem Irdischen zuwenden will – es sind reife Seelen. Wenigstens ein Teil der Sternkinder ist früh an Wissenschaft und Technik interessiert. Viele von ihnen lernen selbstständig lesen, schreiben und rechnen, weit vor der Schule. Die so genannten «Waldorf-Prinzipien» sind nur sehr eingeschränkt anwendbar; es gibt Fälle, wo sie zum «Schwierigwerden» dieser Kinder beitragen. Aufmerksame Kindergärtnerinnen haben diesen Umstand schon entdeckt.

Besinnungsthema:
24.Warum ist eine allzu starke Egoität für den Menschen nicht wünschenswert?

Meditationsthema: 23. Nur Licht kann das Licht wahrnehmen.

22.
Die Religiosität des Kleinkindes und ihre Pflege*

Aus dem, was im 13. Kapitel dargestellt wurde, geht hervor, dass der Erwachsene gut daran tut, sich möglichst nicht künstlich, von außen in das «religiöse» Leben des Kindes einzumischen. Der Erwachsene sollte nichts gegen das unternehmen, was vom Kind selber kommt, und andererseits auch nicht die religiösen Ideen der Erwachsenen dem kindlichen Bewusstsein aufdrängen wollen. Dadurch würde er das religiöse Gefühl in die Intellektualität lenken, wodurch es rasch zum Ersterben käme. Stellt das Kind Fragen in Bezug auf Religion, sollten wir unsere Antworten in dem Bewusstsein geben, dass für das Kind die ganze Welt, jedes Ding, sogar der eigene Leib Gegenstand des Einheits- und Dankbarkeitsgefühls ist, aus dem später die Liebe erblühen kann.

Der weite, stete Blick des kleinen Kindes ist Zeichen einer Aufmerksamkeit, die unbeeinflusst, egoitätsfrei und offen ist und hingegeben an die Umgebung. Die Frage von Glauben oder Vertrauen haben stellt sich hier noch nicht. Das Kind glaubt nicht und hat kein Vertrauen zu «jemandem». Seine Bewusstheit lebt noch ungetrennt von dem Bewusstheitsleben anderer Menschen, es gibt keine Lücke zwischen den Bewusstheiten, es ist nichts zu überbrücken, weil kein Gefühl des Getrenntseins da ist. Es wäre schon eine Gebärde des Überbrückens, wenn das Kind Glauben schenken würde oder für wahr hielte, was ein anderer Mensch sagt. Es geht nicht darum, dass das Kind die Meinung der Erwachsenen mit innerem Bejahen akzeptiert. Alle diese positiven Gebärden

---

* Von Annie Kühlewind

treten erst auf, wenn die nicht-bewusste Hingabe schon aufgehört hat, wenn ein Teil der freien, sich identifizierenden Aufmerksamkeit sich schon mit dem Körpergefühl vereinigt hat und das Bewusstsein aus dieser dualistischen Position in die Welt blickt.

Das Gebet wurde aus dem Bewusstsein der Dualität geboren – nach den apokryphen Evangelien war Abraham der Erste, der gebetet hat. Vor ihm lebte der Mensch offensichtlich in einem inneren sprechenden Verhältnis mit der Gottheit. Das Gebet ist die Bitte um Wiederherstellung der verlorenen Einheit, es entsteht aus dem Getrenntsein.

Der Erwachsene nähert sich, mit wenigen Ausnahmen, durch Vorstellungen seiner Gottesidee an – nicht durch Intuitionen. Diese Idee ist, da sie nicht erfahren wird, abstrakt und fernliegend. Für sein fühlendes Bewusstsein haben die Seelengebärden auf dem Gebiet des Glaubens keinen vollen Realitätswert. Sein Glauben braucht Stützen. Wenn er nicht fähig ist, die verlorene frühkindliche Aufmerksamkeit durch bewusste innere Arbeit neu aufleben zu lassen, sucht er meist in konfessionellen Techniken und Vorschriften Hilfe und wird durch sie gefangen, bleibt an ihnen haften. Dadurch wendet sich die Aufmerksamkeit im Beten von dem Willen zur Wiederherstellung der Identität ab, und das Gebet wird egoistischer. Die Vorschriften berauben das Bewusstsein der Möglichkeit, zu fragen und zu suchen, und beengen es. Der Erwachsene erhält Antworten auf Fragen, die er gar nicht gestellt hat.

Was kann der Erwachsene tun, wenn er die Zeit, in der sich die mitgebrachten Bewusstseinsgegebenheiten des Kindes weiterentwickeln können, verlängern möchte? Er müsste all das auswählen, was der kindlichen Hingabefähigkeit Nahrung gibt und sie pflegt. Dies kann geschehen, indem man den Fluss des Lebens um das Kind herum gewissermaßen verlangsamt: Man lässt das Kind sich wundern, erklärt ihm die Dinge nicht im Voraus, fragt nicht zurück. Am allerwenigsten sollten Gedanken über das übersinnliche Gebiet, die nicht durch die Erfahrung gegangen sind, in Worte gegossen werden: Gott, Himmelsreich, Engel usw. – oder jedenfalls höchst selten. Denn kein Gedanke kann über dieses Gebiet etwas wahrhaft Entsprechendes mitteilen. Man sollte abwarten, bis das Mitgebrachte und die sich langsam entwickelnde Dualität einander berühren – dann kommen die Fragen im Hinblick auf «jene Welt» von selbst. Das geschieht selten vor dem neunten Lebensjahr. Jacques Lusseyran schreibt in seinem Buch *Das wiedergefundene Licht*: «Meine Eltern – das war der Himmel. Ich sagte mir dies nicht so deutlich und auch sie sagten es mir nicht; aber es war offenkundig. Ich wusste (und zwar recht früh, dessen bin ich sicher), dass sich in ihnen ein anderes Wesen meiner annahm, mich ansprach. Dieses Andere nannte ich nicht Gott – über Gott haben meine Eltern mit mir erst später gesprochen. Ich gab ihm überhaupt keinen Namen. Es war da, und das war mehr. Ja, hinter meinen Eltern stand jemand, und Papa und Mama waren nur beauftragt, mir dieses Geschenk aus erster Hand weiterzugeben. Es war der Anfang meines Glaubens und erklärt meiner Ansicht nach, warum ich niemals einen metaphysischen Zweifel gekannt habe. Dieses Bekenntnis mag etwas überraschend sein, doch halte ich es für richtig, da sich aus ihm viele Dinge erklären lassen.

Diesem Glauben entsprang auch meine Verwegenheit. Ich lief unaufhörlich; meine ganze Kindheit war ein einziges Laufen. Ich lief nicht etwa, um etwas zu erlangen (das ist eine Vorstellung der Erwachsenen, nicht die eines Kindes), ich lief, um all den sichtbaren – und noch unsichtbaren – Dingen entgegenzugehen. Wie in einem Staffellauf bewegte ich mich vorwärts von Vertrauen zu Vertrauen.»

Hinter jedem und allem erlebt das Kind seelisch-geistige Anwesenheit, und es erlebt, dass alle Anwesenheiten umstrahlt sind von einer weiteren, mächtigeren Anwesenheit. Es erlebt die Welt des Überbewussten mehr und wahrer als der Erwachsene, weil sie für das Kind keine Transzendenz ist. Es lebt in ihr weder mit Gedanken noch mit alltäglichen Gefühlen. Während der Erwachsene seinen Glauben in Inhalte und Formen bringt und sich die Wesenheiten, die in der überbewussten intuitiven Welt wirken, als göttliche Personen *denkt*, ist das seelisch-geistige Wesen des Kindes in jener Landschaft zuhause. Seine weite Aufmerksamkeit ruht unmittelbar in dem einheitlichen Sein.

Dieses einheitliche Sein ist nicht ein außerhalb des Bewusstseins befindliches «etwas». Die seelisch-geistige Wesenheit des Kindes ist von derselben Qualität wie seine Quelle und sein Schöpfer. Aus dieser Identität entfaltet sich die irdische Intelligenz.

Die auf das Irdische gerichteten Fähigkeiten können sich auf gesunde Weise entwickeln, wenn ihre Objekte dem Kind nicht aufgedrängt werden. Kinder lernen von sich aus rechnen und lesen bzw. schreiben, und zwar umso besser, je weniger man sie dazu anleitet oder zwingt. Und so ist es auch mit anderen Fähigkeiten, die im Leben notwendig sind. Die Gefahr des frühen Aufdrängens von Können und Wissen besteht durchaus, wenn die Umgebung des Kindes allein intellektuell geprägt ist.

Beim Erwachsenen erscheint der Schatten seines überbewussten Lebens in der Form von Gedankeninhalten. Sein nicht-bewusstes Zusammenleben mit der göttlich-geistigen Welt zeigt sich als Schattengebilde in der Form von religiösen Inhalten.

Das Bewusstseinsleben des Kleinkindes kennt keine solchen Schatten. Es hat eine inhaltlose, unmittelbare Verbindung zu dem überbewussten Leben, seinen Quellen und Schöpferkräften, in der Art einer dämmernden Erinnerung. Der Erwachsene kann dem Kind keine religiösen Inhalte vermitteln, weil ihm die Erfahrung dessen fehlt, was das Kind unmittelbar hat.

Der Erwachsene könnte vom Kind die weite freie Aufmerksamkeit lernen, den Glauben, das Vertrauen in eine nicht-dualistische Welt, in der es nicht zweierlei Leben gibt, ein geistiges und ein irdisches. Beide sind aus demselben Sein genährt und daher einig, wenn diese Einheit durch das Bewusstsein als Erfahrung verwirklicht wird, zu seiner Zukunft gemacht wird.

In der inneren Arbeit kann dem Erwachsenen durch das erkennende Fühlen klar werden, dass er dem Kind die irdische Intelli-

genz dann richtig vermittelt, wenn er selbst mit der Quelle dieser
Intelligenz in Berührung kommt, die mit der Quelle der überbewussten Wesenheit des Kindes und jedes Menschen identisch ist.
Wenn die Eltern nicht wenigstens manchmal diese Bewusstseins-
einheit erreichen, wird das Kind kaum erleben können, dass durch
sie die eigene geistige Heimat durchleuchtet. Die irdische Heimat
wird durch die Anwesenheit der geistigen vorbereitet und gestärkt.

Wenn der Erwachsene das Wort «Gott» erklingen lässt und
«Gott» in der Sprechabsicht lebt, braucht er nichts zu erklären –
das Kind wird fühlen und verstehen, wer das ist. Wenn hinter dem
Wort keine intuitive Erfahrung lebt, trägt das zur Unklarheit des
irdischen Bewusstseins bei. Jeder Beweis, jede Erklärung schadet
der geahnten Wahrheit. Die Gottesidee sollte sich in die noch
weite, formfreie Aufmerksamkeit einfügen – der «Unterricht»
darüber oder das häufige Erwähnen des Namens verhindern das.
Ein umfassender (weiter) Begriff sollte entstehen, wie ihn Jacques
Lusseyran beschreibt: «Ich gab ihm überhaupt keinen Namen. Er
war da und das war mehr … Über Gott haben meine Eltern erst
später gesprochen …». Wenn diese Idee sich in die weite Aufmerksamkeit des Kindes einlebt, gewinnt sie Platz in der Sakralität, die
für das Kind aus der Umgebung strömt, weil es mit seiner Seele in
den Bedeutungen der Dinge und Personen lebt, nicht in den sinnlich wahrnehmbaren Erscheinungen. Auf diese wird deshalb eine
intensive Aufmerksamkeit gerichtet, weil die Wahrnehmungs-
fähigkeiten zusammenklingen, identisch werden mit den Bedeutungen, die in den Erscheinungen leben.

Es kommt nicht darauf an, welchen Inhalt das Kind anlässlich
eines Festes erlebt; das Wesentliche sind die Freude und das Erlebnis der Schönheit. Die Freude ist das Medium, in dem die überbewusste Welt im Menschen erscheint. Worte der Freude sind: «Ich
kann mich erheben»; «Es gibt Größeres als mich«; «Ich bin die
Welt»; «Liebe strömt»; «Ich bin ein Geschenk»; «Wir sind immer».
Und weil die Freude das Wesentliche ist, liegt das Gewicht in dem
aus dem Alltag herausgehobenen Zusammensein, das von Schön-

heit und Besonderheit umrahmt ist. Wenn das Erleben der Freude da ist, kann auch ein Geschenk das Fest ergänzen.

Damit die Aufmerksamkeit frei und hingebungsvoll bleibt, darf der Inhalt des Festes nicht durch erlernte Begriffe des Erwachsenen erklärt werden. Wenn möglich, sollte man selbst ein Märchen erfinden, das mit der Gefühlsfarbe und dem Gefühlsinhalt des Festes zusammenhängt. Auf diese Weise hindern wir das Kind nicht daran, sich frei auf den Sinn zuzubewegen, den das Fest den Erdenbewohnern offenbart. Das Märchen sollte auch nicht daran hindern, dass das Verständnis des Festes von Jahr zu Jahr wachsen kann.

Beispiele:

Zu Weihnachten kann man in einfacher Form die Geschichte der Hirten und Magier, das Geschehen in Bethlehem (mit Gesang), erzählen.

Zu Ostern das tibetanische Volksmärchen über das Häschen, das bereit war, sich Väterchen Mond zu opfern. Samen wird in die Erde gesät, neues Leben entsteht.[52]

Zu Pfingsten: Wie wurde große Trauer zur Freude? Wie erschien der große Wind im Haus? Die Sprache der Apostel, die ein jeder verstanden hat (mit Gesang, Tanz und Spielen).

Zu Weihnachten mag zunächst das Christkind die Geschenke bringen, aber um das 7. Lebensjahr herum (bei manchen Kindern auch früher) sollte sich das ändern. «War das Christkind schon bei dir, hat es deinem Herzen schon zugeflüstert, was der Großmutter eine Freude bereiten würde?» So kommt nun das Christkind in das Herz und berät für die Mitmenschen.

Ein Gebet abends ist möglich – alles, was der begleitende Erwachsene in wirklicher Vertiefung miterleben kann, und das hängt davon ab, wie weit er sich konzentrieren und alles andere aus dem Bewusstsein ausschließen kann. Nichts ist «einzuhalten», keine Ideen oder Ratschläge anderer Menschen. Glaubwürdig für das Kind wird nur sein, was aus dem Gemüt der Umgebung selbst stammt.

Man kann beim Abendgebet niederknien und die Hände falten. Man bemerkt den Zeitpunkt, wo diese Form aufgegeben werden muss und das Kind beim Beten allein gelassen werden will. Mag sein, dass es lange gemeinsam beten will, mag sein, dass dies nicht der Fall ist. Wenn es allein betet, soll man nicht nachfragen, ob das geschehen ist.

Vor dem Essen kann ein kurzes Gebet gesprochen werden. Es kommt darauf an, den Augenblick fein zu erspüren, wo das laute Beten aufhören muss, damit es zur inneren Rede werden kann, zu einem wortlosen Denken-Fühlen. Wird das versäumt (der Zeitpunkt liegt etwa beim Alter von 7-8 Jahren) so entstehen Langeweile, mechanischer Ablauf und Lächerlichkeit.

Man kann über alles sprechen, was man selber *fühlend* erlebt. So ist es möglich, über den Schutzengel, Engel überhaupt, über die Heimat der Toten usw. zu sprechen, wenn es aktuell wird.

Bevor das Kind in Bezug auf die eigene Körperlichkeit im Denken aufwacht, sollte das laute Gebet in ein stilles umgewandelt werden. Es wird dem Kind bewusst, dass die physische Körperlichkeit jede andere physische Anwesenheit ausschließt. Die Egoität, das Selbstempfinden nimmt zu, die Welt wird immer dualistischer, weil die persönlich werdende Seele und der im Überbewussten wirkende Geist sich voneinander lösen. Nun wird die überbewusste Quelle im Wahrnehmen und Denken nicht mehr gefühlt, der Wahrnehmende und Denkende wird allein gelassen.

Den Platz, an dem früher hinter allem eine Strahlung spürbar war, nehmen jetzt von Gefühlswucherungen begleitete Illusionen ein. Sie sind nicht zu vermeiden, denn sie gehören konstitutionell zum menschlichen Leben. Zugleich nimmt von ihnen alles irdischen Elend und Leiden seinen Ausgang.

Nachdem die kindliche Einheit von Seele und Geist aufgehört hat, müssen Denken und Fühlen sich in einem Spalt von Seite zu Seite bewegen. Dieser Spalt ist die Hoffnung: Die Seele kann mit ihrer überbewussten Quelle und ihrem Schöpfer wieder vereinigt werden. Durch Steigerung der gegenständlichen Aufmerksamkeit und feine (wirklich) künstlerische Erziehung kann das Interesse oder die Neugierde für das Daseiende, für das Subjekt der Aufmerksamkeit, für den, der schaut und sieht und tut, geweckt werden. Je intensiver die Aufmerksamkeit wird, umso mehr wächst der Umkreis, mit dem sich das Geistig-Seelische verbinden kann, bis zum Erfühlen ihres Kernes, der mit allem die Einheit herstellen kann. Diese innere Tätigkeit klingt mit der Gestimmtheit zum Guten (3. Kap.) zusammen und wird dadurch unterstützt und erscheint im schöpferischen, gebenden Tun. Ohne Vorschriften, ohne Gebundenheiten und Einschränkungen, ohne Vermittlung wird in dem nunmehr bewussten Aufwachen und Auferstehen der kindlichen Geistigkeit die schöpferische Liebesnatur wirken.

Es hat etwas Komisches an sich, wenn Erwachsene Kinder, besonders Sternkinder, über Religiosität belehren wollen. Auf diesem Gebiet sind die meisten Kinder viel mehr zuhause als die belehrenden Erwachsenen. Wenn die Belehrung dann auch noch ohne innere Erfahrung geschieht, wird besonders in Sternkindern eine tiefe Antipathie gegen jegliche religiösen Gedankengänge erregt.

Besinnungsthema:

25. Was sind die Unterschiede zwischen dem Bewusstsein eines Kleinkindes und dem eines Erwachsenen? Was folgt daraus im Hinblick auf das Verhalten des Letzteren?

Meditationsthema:

24. Fühlen ist eine mächtigere Realität als Denken.

23.
Kinder, Sternkinder und der Erwachsene

Das Kleinkind «ahmt nach». Man sollte diesen Satz ernst und tief verstehen und beherzigen; dann zeigt er dem Erwachsenen einen Weg in seiner andauernden Arbeit an sich selber, zu seiner steten Veränderung. Das Kind «ahmt nach» was wir *sind*, nicht was wir zu sein meinen oder sein möchten, und wird geprägt nur durch das, was wir sind. Zum Glück mit individueller Selektivität. Diese ist bei den Sternkindern noch ausgeprägter als bei den «Normalen». Aber der Erwachsene tut gut daran, tief überzeugt zu sein, dass *jedes* Kind mit der allgemeinen Gestimmtheit, das Gute zu tun, auf diese Welt kommt und dazu noch mit einer völlig individuellen Mission. Der Unterschied zwischen den «normalen» Kindern und den Sternkindern ist lediglich, dass die Letzteren in Bezug auf beide Impulse bewusster und selbstbewusster sind.

Man sollte die Bezeichnung «Sternkinder» keineswegs im Sinne einer neuen Kategorie oder als einen typologischen Stempel auffassen, denn in Wirklichkeit finden wir ein kontinuierliches Spektrum von Kindern, und da gibt es keine scharfe Trennlinie. Aber wie Dunkel und Helligkeit existieren, ohne dass wir eine scharfe Grenze angeben könnten, so existieren auch Sternkinder.

Dementsprechend ist das richtige Verhältnis zu den Sternkindern nur eine «verbesserte Ausgabe» der Verhaltensvorschläge, die für die «normalen» Kinder gelten. «Verbessert» heißt hier strenger und kompromissloser eingehalten. Was «eingehalten» werden kann, sind sehr allgemeine grobe Regeln, Selbstverständlichkeiten für jeden guten Pädagogen. Die eigentliche Aufgabe besteht darin, diese allgemeine «Regel» zu individualisieren, gemäß den einzelnen Kindern und dem Erwachsenen selber. Das ist die schwierige, sehr anspruchsvolle und – da sich das Kind entwickelt – andauernde Arbeit des Erwachsenen. Ist er aufmerksam, dann erhält er dazu viel Hilfe vom Kind und besonders von den Sternkindern. Da sie vom Erwachsenen eine größere Veränderung fordern, werden wir sie als Modellkinder nehmen. Was in Bezug auf sie hier beschrieben wird, ist für alle Kinder in der Erziehung das Beste.

Das Kind ist ein Mensch, ein Individuum und kommt mit sehr hohen Fähigkeiten auf die Erde, die der Erwachsene verloren hat. Es liegt kein Grund vor, das Kind geringzuschätzen, uns ihm überlegen zu fühlen. Wir haben einen vollen Menschen vor uns, dem *Respekt* geziemt. Es lohnt sich, jeden Abend zurückzuschauen, wie wir das Kind tagsüber behandelt haben. Die Hauptgesichtspunkte sind: Respekt und Aufrichtigkeit. Unaufrichtigkeit hat keinen Sinn: Das Kind durchschaut uns, durchfühlt uns.

Respekt bedeutet, dass wir dem Kind nichts, keine Gewohnheit, keine Maßnahme aufdrängen, ohne sie ihm zu erklären oder – wenn sie umfassender Art ist – seine Zustimmung zu gewinnen. Es wird allem zustimmen, was richtig ist, wenn es das einsehen lernt. Ist das Kind dazu noch zu klein, sollten wir immerhin, diesmal einseitig, die Sachen mit ihm «besprechen» – es wird die gut gemeinte Absicht schon fühlen. Spricht das Kind schon, so soll es an den Entscheidungen, die es selbst betreffen, aktiv teilnehmen dürfen. Lassen wir es selbst Vorschläge machen in Bezug auf Disziplin, Hygiene, Gewohnheiten, Tagesordnung. Geben wir ihm immer die Möglichkeit zu *wählen*, halten wir es möglichst nie zu etwas an, ohne ihm eine Wahlmöglichkeit zu geben. Der Grund sollte immer erklärt werden.

Das Kind soll Partner sein in seiner Erziehung, nicht Objekt. Es soll wenn irgend möglich keine negativen «Befehle», Verbote erhalten; sie lassen sich immer in positive Vorschläge umwandeln. Anstatt «tue das nicht» sollte es «tue lieber jenes» heißen. Lassen wir das Kind *werden* – wir können selten im Voraus wissen, was es wirklich sein will. Fordern wir das Kind dazu auf, uns zu helfen.

Wenn es zum Beispiel etwas mit uns tun will, wozu wir notwendig sind, aber keine Zeit haben, dann schildern wir ihm die Situation und fragen: Was soll ich jetzt tun?

Wir müssen den Aktivitäten der Kinder Grenzen setzen; sie selbst sollen diese Grenzen ziehen oder uns dabei helfen. Die Sternkinder brauchen viel «Raum» für ihre überschäumende Energie – lassen wir sie diesen Raum planen und begrenzen.

Es empfiehlt sich sehr, die Kinder bei ihren Spielen und Pflichterfüllungen, beim Essen, Trinken, Zähneputzen usw. zu beobachten: ihre Gründlichkeit, ihre Bewegungen, ihre Geschicklichkeit oder Schwerfälligkeit. Sind wir intuitiv genug, dann werden uns die notwendigen Ideen beim Beobachten einfallen oder wenn wir später darüber nachsinnen oder meditieren. Man beobachte sie besonders im Kreis anderer Kinder und die Sternkinder, wenn sie untereinander sind. Werden sie aufsässig, arrogant, aggressiv, so ist das ein Zeichen dafür, dass sie neue, anspruchsvollere Aufgaben brauchen. Das zu bemerken ist in einer Schulklasse besonders wichtig; der Lehrer kann sich viel ersparen, wenn er den Sternkindern stets Aufgaben gibt, die sie bis an ihre Grenze beanspruchen. Neue Aufgaben, neue Grenzen – jedes Kind *will* genaue, nicht verschwommene Grenzen erleben. Nachgiebigkeit der Eltern oder der Pädagogen ist wohl die schlechteste Wahl. Nie sollte der Erwachsene das Kind in eine Kategorie einordnen, denn erstens hindert er das Kind dadurch daran, sich zu verändern; zweitens gibt es heute kaum gültige typologische Ansätze und drittens wird das Kind, indem es die Einstufung empfindet, sie entweder verwirklichen oder bestrebt sein, sie zu widerlegen.

In der Schule ist es angebracht, die Regelungen des Tagesablaufs und des Verhaltens, überhaupt alles, was zum Leben der Klasse gehört, von Anfang an (schon in der ersten Klasse) gemeinsam mit den Kindern festzulegen, möglichst unter Vermeidung von Verboten. Ist das Positive gut beschrieben und von den Kindern verstanden und bejaht worden, wird kaum ein Kind etwas tun, was man verbieten müsste.

Dass der Lehrer durch bloße Autorität des Lehrerseins etwas erreichen kann, ist heutzutage eine Illusion. Nur das wirkt, was er als Menschenwesen ist. Wenn der Lehrer durch Bewusstseinsschulung innere Disziplin erreicht, lassen sich Probleme mit der Disziplin der Schüler weit besser lösen als auf irgendeinem anderen Weg. Ist der Lehrer konzentriert, werden auch die Kinder in der Klasse – sicherlich mit Ausnahmen – konzentriert sein. Ist er selber nicht konzentriert, warum sollten es die Kinder sein?

Im Hinblick auf Sternkinder können wir für unsere innere Einstellung davon ausgehen, dass diese älter sind als wir selber – oft hat man auch bewusst diese Empfindung; sie wird uns am sichersten leiten, jedenfalls aber davor bewahren, uns ihnen gegenüber abfällig zu verhalten oder entsprechend zu empfinden. Am schwierigsten ist es für Eltern und Erzieher, einem schon «verdorbenen», schon «schwierig» gewordenen Sternkind so zu begegnen, dass die Schädigung geheilt werden kann. Auch in diesem Fall kann man damit rechnen, dass das «schwierige» Kind unser Verständnis und Wohlwollen – auf *seine* Art – wahrnimmt, ohne dass wir dies verbal zum Ausdruck bringen. Die beste, wichtigste «Kommunikation» geschieht ja immer – auch zwischen Erwachsenen – ohne Worte, ohne Zeichen.

Deshalb verstumme ich jetzt.

Besinnungsthema:
26. Wie kann man sich selbst gegenüber ehrlich sein?

Meditationsthema:
25. Im Überbewussten sind wir wissend miteinander verbunden.

24.
Nachwort und Trost

Der Verfasser hofft darauf, dass einige Leser verstehen werden: verstehen, dass die neuen Kinder, die Sternkinder, mit der Mission auf die Welt kommen, unser Leben zum Guten zu verändern; dass ihnen dies aber nur dann gelingen kann, wenn die Erwachsenen sie nicht daran hindern – durch die Erziehung, die sie ihnen zuteil werden lassen. Dazu müssten die Erwachsenen die entsprechende Einsicht, den Mut und die innere Arbeit aufbringen.

Auch bei bestem Willen und bester Gesinnung und wenn wir alles ernst nehmen und auszuüben versuchen, was in diesem Büchlein vorgeschlagen wird, werden Fehler nicht zu vermeiden sein. Das sollte niemandem den Mut nehmen und niemanden verzweifeln lassen. Denn alle Kinder sind fähig, hinter den Fehlern und Missverständnissen, unter der Oberfläche des Lebens den wahren Impuls zu fühlen: Sie werden unser Stolpern verstehen und uns vergeben. Wenn wir alles tun, was wir können, werden die Kinder uns mit ihrer Sensibilität entgegenkommen, mögen wir auch keine tadellosen Erzieher sein. Deshalb ist die ehrliche Gesinnung, die von Grund auf verständnisvolle Haltung so wichtig.

Anhang I:

Neige des Kindheitsalters*

Versucht der Erwachsene zu verstehen, was sich im Kind an der Schwelle zur Pubertät abspielt, dann kann das Zusammensein einen kommunikativen Charakter annehmen, auch dann, wenn das Gespräch nicht direkt die Krisen berührt, durch die sich ein neun- bis zwölfjähriges Kind hindurchringen muss. Nicht Erkenntnisse und Erwartungen lassen diesen kommunikativen Charakter entstehen, sondern Aufmerksamkeit, die es einem ermöglicht, sich eine Art von Entfaltung vor Augen zu halten. Das ist für das Kind die richtige Hilfe in seiner Entwicklung, da sie das innige Verhältnis zwischen dem Erwachsenen und dem Kind fördert. Ein solches Verhältnis ist auch da eine Stütze, wo direkte Hilfe unangebracht ist.

Um zu verstehen, was vor sich geht, muss sich der in der Umgebung des Kindes lebende Erwachsene mit allen Kräften bemühen. Diese Bemühung hat dieselbe geistige Qualität wie die Entwicklung, in der das Kind sich befindet. Es ist menschliche Entwicklungsqualität. Die Bemühung zu verstehen ist ein gegenseitiges seelisches Bindeglied zwischen beiden Seiten. Durch ein kontinuierlich verständnisvolles Verhalten kann der Erwachsene dem Kind den Boden bereiten, den es braucht, um seinen Anspruch auf «Erwachsenwerden» zu entfalten. Der Erwachsene sollte die inneren und äußeren Bewegungen des Kindes – die auf die «Loslösung» vom Kindesalter hindeuten – mit inneren und äußeren Bewegungen begleiten. Die inneren Bewegungen regen zu rich-

---

* Von Annie Kühlewind

tigen Gedanken an, flößen ihm die richtigen Worte ein und inspirieren seine Taten. Was für Bewegungen sind das?

Freude darüber, dass im menschlichen Leben Vernunft waltet, die zu Änderungen, zu Entwicklung führen kann, und dass diese Vernunft im Kind tätig ist. Man muss sie aufmerksam beobachten und ihre individuelle Entwicklung fördern. Weder Nachgiebigkeit noch der Wunsch, alles solle beim Alten bleiben, darf hier leitend sein. Man muss zur Kenntnis nehmen, dass neue Dinge in dem Wesen des Kindes erwachen. Es ist ratsam, den echten Kern einer negativen Erscheinung – in diesem Alter gibt es deren oft allzu viele – zu erkennen und den guten Samen zu pflegen. So sollte man etwa Hartnäckigkeit nicht mit noch größerer Hartnäckigkeit erwidern, sondern den Willen des Kindes vor Aufgaben stellen, die ihn noch mehr in Anspruch nehmen als alles Bisherige. Es ist gut, wenn das Kind die Möglichkeit bekommt, eigene Initiative zu entfalten. Noch besser ist es, wenn die Aufmerksamkeit des Erwachsenen empfindlich genug ist, um von der Art und Weise des Trotzens abzulesen, was im gegebenen Augenblick nötig ist, um das Tor der Zugänglichkeit offen zu halten. Von der Beschreibung einzelner Lösungen, die sich auf diesem Wege ergeben haben, wird hier abgesehen, da sie sich nicht verallgemeinern lassen. Jeder wird selbst seine Aufmerksamkeit schulen müssen, um das Kind so zu verstehen, dass er die ihm gemäße Lösung finden kann.

Die Entfaltung des Kindes, die Perioden seines Erwachsenwerdens sind in ihren Symptomen oft irreführend. Das frühere liebe, kindliche, seelisch-geistige Bild wird verzerrt, chaotisiert. An diesem Punkt stehen die Erwachsenen vor einer schwierigen Aufgabe. Das Dickicht der Ereignisse lässt sich nur durch klare und liebevolle Aufmerksamkeit erhellen. Die geistig-seelische Entwicklung tritt nicht mit einer so augenscheinlichen Geschwindigkeit zu Tage wie die körperliche, sie ist verborgener und individuell komplizierter. Davor kann man das Kind nicht bewahren, es ist jedoch vorauszusehen, dass die in diesem Alter auftretenden Krisen im Erwachsenen-Alter nicht mehr vorhanden sein werden.

Eltern und Pädagogen werden es leichter haben, diesen Krisen zu begegnen, wenn sie das ganze Leben des Kindes in Betracht ziehen. Diese Einstellung bringt einen befreiten Humor mit sich, der dazu beitragen kann, die Probleme der «kleinen Flegeljahre» vom 9. bis 12. Jahr und der darauf folgenden zu überwinden.

Wie ist das Kind bis zu seinem 9. Lebensjahr und worin besteht der grundlegende Unterschied zu dem Zeitabschnitt nach dem 9. Jahr? Was ist das Neue, das zwischen dem 9. und 12. Jahr zutage tritt?

Vor dem schulpflichtigen Alter ist die bloße Freude des Wahrnehmens der Quell des Sich-Hineinfindens in die Welt, der Keim der Gefühle und Gedanken. Kinder nehmen in diesem Alter viel tiefer und gründlicher wahr als der Erwachsene; das Wahrnehmen durchpulst ihr ganzes Wesen. Es ist die Grundlage für das Vertrauen des Kindes und seine nach allen Richtungen ausströmende Dankbarkeit. Selbst das Sprechen, das Sich-Bewegen ist beglückend. Zwischen der Welt und dem kindlichen Ich gibt es keine Distanz. Das Erleben der ungeteilten Welt geht Hand in Hand mit der Freude des Wahrnehmens. Kann der Erwachsene gründlich beobachten, wie das Kind mit der Welt in Kontakt tritt, dann ist er in der Lage, dem Kind eine entsprechende Umgebung zu sichern. Wenn er die am reinen Wahrnehmen erlebte Freude zu steigern, zu «versüßen» sucht – zum Beispiel durch die «schöne Puppe», – also mit Elementen, die den Vorstellungen der Eltern entsprechen, aber nicht den inneren Lebensrealitäten des Kindes, dann werden das in der Freude am Wahrnehmen verborgene Dankbarkeitsgefühl, das Vertrauen und der Glaube zerstört und sogar die Fantasie kann darunter leiden.

Ungefähr bis zum 9. Jahr wirkt das Fühlen noch mit dem leiblichen Wohlsein zusammen und kann demnach die Entwicklung des Leibes fördern oder hemmen. Die Erzieher tragen auf diesem Gebiet große Verantwortung für das Kind.

Zu Beginn der Schulzeit ist das Gefühl der Träger von Glaube und Hingabe. Wenn es Märchen hört, zieht sich das Kind in seinen früheren, kleinkindlichen Bewusstseinszustand zurück. Es kann deutlich beobachtet werden, dass das Bewusstsein in den Minuten des Märchenhörens viel dumpfer wird. Das Kind ist verträumter als sonst. Gleichzeitig verbindet es seine Gefühle und seinen Willen mit den überbewussten Elementen des Märchens, das heißt mit der Ausdrucksweise einer Vernunft, die Trägerin von moralischen Kämpfen und Werten ist. Oft denkt das Kind kaum mehr an das gehörte Märchen, aber in seinem Gefühl und Willen lebt es weiter. Trotzdem ist es möglich, das Märchen wieder in Erinnerung zu rufen, und bei solcher Gelegenheit sagt das Kind das Gehörte Wort für Wort her. Die biblische Schöpfungsgeschichte oder andere religiöse Geschichten leben auf die gleiche Weise im Kind weiter, ohne sein Denken besonders in Anspruch zu nehmen. Sie können ins Gedächtnis gerufen werden, jedoch weniger als Gedanken-Erinnerungen, sondern vielmehr als Gefühlserinnerungen. Durch deren Wirkung entsteht eine innige, mit empfangendem Fühlen zusammenschwingende Lebensbejahung. Indem wir so der Aufmerksamkeit des Kindes Nahrung zuführen, stärken wir seine Gefühlsintelligenz, die im Kindergartenalter noch recht intensiv ist. Diese Intelligenz droht in Folge der stark intellektuell ausgerichteten Erziehung verloren zu gehen. Sie erleidet Schaden, wenn sie der Erwachsene in den Dienst des Lernbeschleunigungszwangs unserer heutigen Zivilisation stellt. Die Gefühlsintelligenz ist die Grundlage des Intellektes im Verlauf des Lernens. Sie ist die Stütze des Verstehens weil – der Natur des kindlichen Bewusstseins entsprechend – Fühlen und Denken sich – im günstigen Fall – nicht vor dem 9. Jahr voneinander trennen. Die Gefühls-Intelligenz macht das Kind in seinen ersten Jahren – ohne intellektuelles Lernen – so begabt, so lernfähig, so empfänglich.

Märchen, Legenden und märchenhaft erzählte religiöse Elemente bringen diese Gefühlsintelligenz zur Entfaltung. Deren Bejahung und gefühlsmäßiges Ergreifen kann nicht mit der Religiosität des Erwachsenen verglichen werden, denn das Kind weiß nicht, dass es «glaubt», dass es voller Vertrauen, voller Andacht ist.

Glaube, Trost und alles, was das elementare religiöse Gefühl bedeuten kann, gehen verloren, wenn Religion als Beiwerk zur Erkenntnis erscheint. Deshalb soll das Kind vonseiten des Erwachsenen in Märchen, Legenden, Evangelien-Geschichten, Christus-Legenden, einen nicht-moralisierenden, klar erlebbaren, Sicherheit bietenden, das heißt keinen erklärenden und beweisenden Stil erleben. Dadurch wird seine spontane Hingabe unterstützt.

Sicherheit und damit das Gefühl dafür, was Wirklichkeit ist, urständen in der Verbindung mit dem Überbewussten. Solange sie stark ist, wird beispielsweise die Gültigkeit des Denkens nie in Zweifel gezogen. Wird die Verbindung geschwächt, kommt das Wirklichkeitsgefühl ins Wanken, und der Mensch, das Kind, wird in Bezug auf die «Wirklichkeit» verunsichert.

Ist der Realitätssinn in genügendem Maße gestärkt, so werden die Schwierigkeiten des so genannten «Vorpubertätsalters» leichter überwunden. Das wird nur erreicht, wenn man sich auf den verschiedenen Stufen der vorangegangenen Entwicklung in entsprechender Weise mit dem Kind beschäftigt hat, ohne seine Schritte beschleunigt zu haben. Darum ist die Vorgeschichte so wichtig.

Im Wesen des Kindes beginnen um sein 9. Lebensjahr herum große Veränderungen. Diese Periode dauert ungefähr bis zum 12. Jahr. Die damit verbundenen Erlebnisse gehen in das Verhalten des Kindes ein und werden ihm erst nach der Pubertät, um das 16. bis 17. Lebensjahr herum als Erfahrung bewusst. Für ein neunjähriges Kind ist es unbegreiflich, was mit ihm vorgeht. Es fühlt sich seiner eigenen Entwicklung ausgeliefert, und das ruft Angst, Zweifel und Leid hervor. Es hat den Eindruck, ganz allein in der Welt zu stehen und die ganze Welt gegen sich zu haben. Es kann mit nichts und niemandem mehr Gemeinsamkeit erleben. Es sehnt sich nach der verlorenen Einheit (der «ersten Liebe») zurück, auch dann, wenn es mit jemandem oder etwas (z. B. einem Hund oder einer Puppe) in Liebe verbunden ist.

Das alles sind Vorbedingungen einer Reife, durch die der junge Mensch immer stärker den Anspruch entwickelt, die Welt umzugestalten und sich in dieser Welt eine Rolle zu sichern. Jetzt beschäftigt ihn die Frage «Wer bin ich?». Dieser Prozess erreicht seinen Höhepunkt um das 16. bis 17. Lebensjahr.

Bruno Walter beschreibt in seiner Selbstbiografie *Thema und Variationen* ein maßgebendes Erlebnis seiner Flegeljahre folgendermaßen: «Auch bei dem heranwachsenden Knaben zeigte sich öfter ein seltsamer Zustand des Träumens oder Entrücktheit, in der alle Räder, die der Sturzbach des äußeren oder inneren Erlebens sonst so heftig zu drehen pflegte, wie ausgeschaltet anhielten und still standen. Noch erinnere ich mich, wie sich mir eine solche Stille zum ersten Mal als schwermütige Ergriffenheit offenbarte, fühle noch, was ich damals empfand, und sehe auch den Ort vor mir, an dem ich als etwa Zehn- oder Elfjähriger dies innere Erschauern erlebte. Wie es kam, dass ich allein auf dem Schulhof stand, ist mir nicht mehr erinnerlich – vielleicht hatte ich eine Stunde des Strafnachsitzens hinter mir – ich betrat den großen Hof, den ich nur erfüllt vom Lärm spielender und tobender Knaben gekannt und der mir daher doppelt leer und verlassen erschien. Dort sehe ich mich stehen, überwältigt von der tiefen Stille, und, indem ich ihr lausche und dem leichten Wind, fühle ich, wie mir aus der Einsamkeit ein Unbekanntes, Mächtiges ans Herz greift. Es war meine erste Ahnung, dass ich ein Ich war, mein erstes Aufdämmern, dass ich eine Seele hatte und dass sie – von irgendwoher – angerufen wurde.»

Dieses und ähnliche Erlebnisse bedürfen keiner Erläuterung. Sie stellen Seelensituationen dar, die nicht nur in die Richtung der Änderungen weisen, sondern in denen tiefe Notwendigkeiten leben, in der Form von Sehnsucht und Bestreben nach Vollkommenheit. Es ist ein romantisches Grundgefühl, das der Ahnung des neuen Kontaktes mit dem Ich entspringt. Die Kraft des Bewusstseins steigert sich. Früher konnte sich der junge Mensch von seinen Gefühlen nicht unterscheiden; jetzt ist er in der Lage, darüber nachzudenken. Er kann über sich selbst nachdenken. Doch das Kind ist noch nicht dazu reif, in diesem An-Sich-Denken die uranfängliche Trennung, die Vereinzelung zu ertragen, die ohne sein Zutun zustande gekommen ist. Es kann sie noch nicht in Selbstständigkeit verwandeln. Das ist der Anfang der menschlichen Vereinzelung. Ein bewussteres Ergreifen des menschlichen Ich. Der junge Mensch sucht in der neuen Situation die Möglichkeit des Lebens. Teilweise erscheinen im Spielen wieder die Puppen, und dann sogar intensiver als zuvor. «Könnte man das Ganze nicht noch rückgängig machen?»

Andererseits fängt das Abbauen der Muttersprache an. Das ist nur mit dem Heraufkommen einer kognitiven Kraft möglich. Mit dem Erscheinen des Ich-Bewusstseins beginnt das Kind in seinem Denken aktiv zu werden. Der Unterschied zwischen Schlafen und Wachen wird größer, als er früher war. In Gruppen empfängt und schafft der junge Mensch einen magisch-rituellen Sprachgebrauch. Dieser hat Funktionen, die im Familienkreis nicht zur Geltung kommen. Ein unwillkürlicher Widerstand gegen die früher gebrauchte Sprache tritt in den Vordergrund. Er schöpft seine Kraft aus dem Widerstand gegen die Funktion, die die Sprache in den ersten Jahren erfüllte. Ein Zeichen des neuen Ich-Erlebens ist, dass das Kind willentlich in die bisherige Einheit der Zeichen und Bedeutungen Lücken schafft. Auf der ganzen Welt erfinden Kinder dieses Alters ganz ähnliche Reigen, Zeichen, Parodien und Worträtsel. Die meisten entstehen dem Laut nach und parodieren die Bedeutung.[53] Das Sich-Lossagen von der Muttersprache ist eine Freude und in vielen Fällen mit einer unsichtbaren Aggression gegen Erwachsene oder Kindergruppen verbunden. Etwas wie Gewissen erwacht den Kameraden gegenüber. Das weist in seiner Gesamtheit darauf hin, dass sich alles lockert, was früher durch die Intuition des mit der Umgebung zusammenwirkenden Bewusstseins entstanden ist.

Die Selbstständigkeit des Kindes keimt auf einem beschränkten Gebiet, ohne dass es sich dessen bewusst wäre. Infolge des Verlorengehens der alten Einheit kommt das immer subjektivere Erleben seiner Gefühlswelt zum Vorschein. Das im Denken erscheinende Ich-Bewusstsein chaotisiert zuerst das alte Gefühl. Dem Kind wird klar, dass dieses nur zu ihm gehört, nicht zur Welt. Dadurch kann es sich selbst nicht wieder an das verlorene Welt-Erleben anschließen. Mit anderen Worten: die Einheit der gedanklich-gefühlsmäßigen und willensmäßigen, empfangenden Aufmerksamkeit der Kindheit hat sich in seine Komponenten gespalten und einzeln gestärkt.

Die intentional gerichtete Aufmerksamkeit und das abweisende Gefühl gegenüber von außen herankommenden Wirkungen sind stärker geworden. Der Heranwachsende weist die direkte Einwirkung zurück.

Das gilt nicht der Qualität oder dem Inhalt der Einwirkung. Das Kind will sich selbst in seiner reinen Kraft behaupten. Ein dumpfes Ahnen im Kind versperrt dem Erwachsenen den Weg, wenn er etwas daran zu ändern versucht. Das bezieht sich nicht auf den in der Unterhaltungsindustrie tobenden negativen Gefühlsstrom, der nicht nur die bewusste Persönlichkeit anspricht. Der übt in vielen Fällen durchaus seinen Einfluss auf den jungen Menschen aus. Aber auch ihm wird dieser eher Widerstand entgegensetzen können, wenn seine Umgebung geduldig und verständnisvoll ist.

Die bisherige Zusammengehörigkeit von Wort-Zeichen und Bedeutung wird aufgehoben, das heißt, das Kind fängt an, auf das Wort und dessen Laut-Elemente hinzuhören. Es sucht die innere Kraft der Sprache und ein gefühlstragendes Formelement, sowie einen greifbaren Sinn. Nicht einen konventionellen Sinn, sondern einen wahrhaftigeren, allgemein menschlichen; keinen oberflächlichen, sondern einen tieferen als den bis dahin gekannten. Die Denkfähigkeit wird von der festen Verbindung mit der Sprache befreit. Die Aufmerksamkeit wird auf die Poesie gerichtet, da die Gefühlssphäre der Sprache herausgelöst werden kann aus der Einheit von Denken, Fühlen und Wollen. Nach einem chaotischen Übergang kann das Kind ein innerliches Verhältnis zur Sprache und ihrem Gebrauch gewinnen. Aus der Bilderwelt des Märchens tritt es heraus, indem es die in den Ereignisfolgen und Bildern vorhandene

Begriffswelt befreit, das heißt, es wendet sich dem Denken zu. Es macht sich frei von der Form des Erlebens der Welt, in der es bis dahin lebte, von der Priorität des wahrnehmenden Erlebens. Eine neue Möglichkeit bietet sich seinem inneren Leben; eine nicht mehr nur oder gar nicht wahrnehmbare Welt eröffnet sich. Die Fähigkeit des Denkens, des Abstrahierens kommt zum Vorschein. Das ist die Periode der Gespräche, der Auseinandersetzungen. Das Kind hat Bedürfnis nach Zwiegesprächen mit dem Erwachsenen, der ihm hilft, sich von dem chaotischen Spracherlebnis zu befreien.

Dazu sind ein kultivierter, aus den Tiefen der Seele entspringender Sprachgebrauch und aufrichtiges Sprechen des Erwachsenen erforderlich. Das Lauschen auf das Wort und die Möglichkeit des Dialogs sind dazu da, die Sehnsucht nach der Einheit, die auf der Erde nicht erfüllt werden kann, auf einem edlen Wege vorläufig zu stillen. Die Sehnsucht entspringt dem Entbehren der verlorenen Einheit, und darin entfaltet sich der individuelle Kern des Menschen – die Sehnsucht ist im Leben die Triebkraft zu allem. Er mag sich durch Krisen entwickeln, jedoch auf seine eigene Art. Es kann sein, dass er einen ganz anderen Ausweg findet, als wir es uns jemals vorgestellt hätten.

Zu Beginn der Schuljahre, als die religiösen Geschichten in Märchenform an das Kind herangebracht wurden, wandte sich die geistig-seelische Hingabe des Kindes den Wundern der physischen Welt (Natur) und der – für den Erwachsenen nicht mehr erlebbaren – göttlichen Welt zu. Es stellte nicht die Frage: «Ist das wahr?». Kinder stellen diese Frage nur dann, wenn das Verhalten der Umgebung und der Inhalt der Gespräche sie dazu veranlassen. Das heißt, wenn sie aus der für sie natürlichen Bewusstseinsumgebung herausgerissen werden. Dann drücken sie ihren «Unglauben» mit den Worten der Erwachsenen aus. Vor dem 9. Jahr haben die Kinder keine selbstständigen Gedanken zu diesem Thema. Das wäre dem kindlichen Bewusstsein ganz fremd, abgesehen von den Sternkindern.

Falls das Kind vor seinem 9. Lebensjahr zum Beten angeleitet wurde oder von selbst Gebete erfunden hat, kann man von dieser spontanen Religiosität etwas für später retten. Das aus den ersten Jahren übrig gebliebene religiöse Gefühl lebt als Erinnerung weiter. Das Kind sehnt sich danach, kann aber das Gefühl des einstigen hingebungsvollen Vertrauens nicht wieder erwecken. Sorgen, ja, Gewissensbisse überkommen das Kind, weil die Wurzeln seines moralischen Seins plötzlich in seine Hand gegeben sind. Welcher Erwachsene erinnerte sich nicht an das damit verbundene Gefühl der Unsicherheit? Aufgrund dieser Ungewissheit wird die Außenwelt immer mehr kritisiert, von einem unangenehmen Gefühlserlebnis begleitet. Um dieses zum Schweigen zu bringen, wird noch stärker kritisiert; darauf folgt gesteigerte schlechte Laune.

Der Glaube ist in Dunkelheit gehüllt. Sein Funke führt zur Begeisterung für mancherlei moralische Ideen. Diese stehen oft im Gegensatz zueinander und werden kurz nacheinander aktuell. Die Herrschaft der Ideen dauert umso kürzer, je selbstständiger der junge Mensch sie meistern kann. Im Grunde genommen sucht er danach, die Glut seines Glaubens derart zum Feuer zu entfachen, dass sich die Wurzeln seines moralischen Seins damit verbinden können.

Der Erwachsene sollte keinen Versuch unternehmen, die aus der Kindheit mitgebrachten religiösen Gefühle wiederzubeleben, in der Absicht, den verlorenen Schatz für das Kind zurückzuerobern. Seine Zurückhaltung und sein Taktgefühl können dazu beitragen, dass es das früher Erlebte, aber in neuer Form Dargebotene nicht endgültig zurückweist. Die spontane Religiosität ist verloren gegangen, reift aber latent unter der Oberfläche, wenn sie nicht gestört wird. Sie muss sich unter die Oberfläche zurückziehen, wenn sie wieder so zum Vorschein kommen soll, dass sie sich mit den so genannten letzten Fragen verbinden kann, anstatt in Kompromisse, Äußerlichkeit oder Konformismus auszuweichen.

In dieser Entwicklungsperiode ist es günstig, das Kind durch Lektüre, in Gesprächen oder im Unterricht mit dem Schicksal einzelner Menschen bekannt zu machen, die mutig größte

Schwierigkeiten überwunden haben, wie zum Beispiel die großen Entdecker auf ihren Seefahrten. Gegen Ende des 12. Lebensjahres sind Kinder besonders empfänglich für Gleichnisse aus den Evangelien. Der Erwachsene sollte sie möglichst nicht in direkter Form erzählen. Er kann sie zum Beispiel als Erzählung eines Außenstehenden einführen: «Das hörte mein Lehrer als Zwölfjähriger von einem weisen alten Mann.» Dadurch lassen wir Raum zwischen dem Gleichnis und dem religiösen Gefühl.

Das religiöse Gefühl schläft zu dieser Zeit im Denk-Willen. In ihm wird das sich individuell entwickelnde religiöse Element hervortreten. Es wird in der aufwachenden neuen Kraft des Denkens wiedererstehen, in welcher sich das Ich verkörpert, sobald das Kind merkt, dass es fähig ist, sein Denken durch eine Art Denken-Wollen in Bewegung zu setzen.

Mit dieser Erfahrung wird der Mensch eigentlich seine Möglichkeit gewahr, sich zu eigener Menschenwürde zu erheben. Die Unabhängigkeit, das Handhabenkönnen des Denkens und des Willens, die Zuversicht erfüllen ihn wieder mit Bewunderung und Dankbarkeit, mit wahrer, großer Freude und Ruhe. Der aktivierte Wille hält sich in gewissem Sinne von dem in ihm schlummernden religiösen Gefühl dadurch fern, dass er in dieser Periode, wo der junge Mensch sich in der Fähigkeit des Abstrahierens übt, in einem rein gedanklichen Element ist. Es ist hilfreich, diesem Prozess konkrete Naturbeobachtung, Pflege der Sprache und des Verhältnisses zum Wort und kontinuierliches, professionelles Erlernen einer Kunst (Spielen eines Musikinstruments, Malen oder Ähnliches) zur Seite zu stellen. Durch solche Tätigkeiten erschließt sich der Jugendliche den Weg dazu, dass die auf dem Gebiet des Denkens neu erwachte Fähigkeit das Gefühl objektiviert. Die subjektive Qualität des Gefühls löst sich. Das Denken findet durch seine Betätigung das Tor zur verlorenen Einheit und lockt damit das Fühlen ans Tageslicht. So paradox diese Bemerkung zu sein scheint – das Denken gebiert das empfangende Fühlen neu. Das ist so zu verstehen: Im abstrakten, beobachtenden

Denken findet dieses einen gefühllosen Ruhepunkt und befreit dadurch das Gefühl vom Druck des Intellekts. Das heißt, es ist nicht gezwungen, als Faktor an der Tätigkeit der intentionalen, gesteuerten, denkenden Aufmerksamkeit teilzunehmen. Als Evidenzgefühl begleitet es behutsam das Denken: so kann sich ein Teil des Fühlens als Erkenntniskraft mit dem Willen und mit dem Denken vereinen. Hat der Jugendliche durch künstlerische Erziehung Schönheitssinn ausgebildet, dann ist er in der Lage, bisher Unbekanntes mit dem Gefühl anzuhören und aufzunehmen. Das Gefühl ist nicht auf alte Gewohnheitsstrukturen angewiesen. Es ist in einer neuen Art offen, erwartungsvoll.

Bei dem erschütternden Herannahen des Ich-Bewusstseins haben Denken, Fühlen und Wollen gemeinsam das Kindheitsalter verlassen. Während der erwähnten Krisen, unter denen das Gefühl am meisten leiden musste, hat das Ich das Selbstbewusstsein im Denken gestärkt. Gleichzeitig hat sich das nicht-sentimentale Mitleidsgefühl entwickelt. Das (im Denken vorhandene) Selbstbewusstsein hat das Denken aus seiner Einbettung im Gefühl befreit und ihm Schwingen verliehen. Wenn sich sein abstraktes Denken zu entwickeln beginnt und vom subjektiven Gefühl frei wird, kann der junge Mensch bezüglich seiner moralischen Entwicklung bewusst Fragen stellen. Das abstrakte Denken zeigt ihm die Denkkraft des menschlichen Wesens. Dann erst besteht die Möglichkeit, sich bewusst dem Quell intuitiver Kraft zu nähern und darin die Einheit der Gedankenkraft und der moralischen Kraft zu suchen. Die Frage wird umso wichtiger für den Jugendlichen sein, je weniger «endgültige» Antworten er bekommt. Er wird sich für die Ereignisse des Lebens Jesu Christi interessieren, wenn er zuvor in seiner chaotischen Zeit mit Parzival und anderen Menschen heldenhaften «Glaubens» bekannt geworden ist. Das Suchen kann ihn auf diesem Gebiet von der Furcht zu irren und vom Dilettantismus befreien. Wenn in seinem Suchen die zum Denken nötige Freiheit vorhanden ist, wird ihm klar werden, dass er nicht auf rasche Ergebnisse rechnen kann.

Das religiöse Gefühl kann keinem beigebracht werden, denn es lebt im Menschen. Es ist wankend und nicht dauerhaft, wenn es nur aus Spontaneität schöpft oder Denken und Wollen – das heißt Wissenschaft und Kunst – entbehrt. Ob das mitgebrachte religiöse Gefühl, das, wie wir sahen, nicht gesondert von der ganzen menschlichen Entwicklung zu betrachten ist, schwindet oder gesund und frei wiedersteht, das hängt nicht zuletzt von denen ab, die Zeitgenossen des Kindes sind, aber früher zur Welt gekommen sind als es selbst.

Es wird zunehmend schwieriger, etwas Allgemeingültiges über Kinder oder Jugendliche zu sagen, weil das Individuelle immer stärker und immer früher zutage tritt. Das bezieht sich in erhöhtem Maße auf die Sternkinder. Was den Erziehenden dabei helfen kann, ist die Überzeugung, dass alle Kinder – wie alle Menschen – schöpferisch sind und dass sie dank dieser schöpferischen Kraft den Übergang von der Kindheit in das Jugendalter finden werden. Die Pflege des Schöpferischen in den Kindern besteht größtenteils darin, dass der Erwachsene nicht in die individuelle – und insofern undurchschaubare – Entwicklung eingreift; sie würde bei jedem Menschen in unserer Zeit zum Schöpfertum führen.

Anhang II:

Meditationen

Meditation

Jeder Mensch bedient sich des folgernden Denkens, das sich von Begriff zu Begriff, von Wort zu Wort bewegt, und außerdem – jedoch viel seltener – des intuitiven Denkens, das meistens bildhaft, blitzartig, wortlos vor sich geht und nur im Ergebnis bewusst wird. Dieses Denken befähigt uns, Begriffe zu verstehen und neue zu schaffen. Die erste Art des Denkens gebrauchen wir, um Informationen auszutauschen. Es gibt aber Erfahrungen, die durch informative Sprache nicht mitteilbar sind: so zum Beispiel alle künstlerischen Erlebnisse, die aus ästhetischem Fühlen stammen und dasselbe ansprechen. Auch das informative Sprechen urständet in einem meistens überbewussten, wortlosen, übersprachlichen *das*. Es muss da sein, damit wir die richtigen Worte und grammatischen Formen finden können (auch das ist meist ein überbewusster Vorgang), nachdem wir gegebenenfalls entschieden haben, in welcher Sprache die Mitteilung erfolgen soll. Das wortlose *das*, der Sinn oder die Bedeutung, wird übersetzt und kann übersetzt werden, da es jenseits der Sprachen entsteht und auch so verstanden wird: Der Vernehmende muss von den Worten «absehen», loskommen, wenn ihm der Sinn des Satzes aufgehen soll. Erfahrungen, die weder informativ noch künstlerisch mitteilbar sind, werden geistige Erlebnisse genannt. Sie beziehen sich meistens auf die grundlegenden Fragen über das Wesen der Welt, des Menschen, der Wirklichkeit, des Geistes und der Seele; zum Beispiel auf die Sphäre, aus der die Worte und Begriffe stammen und die sich selbst offensichtlich nicht durch Worte oder Begriffe beschreiben lässt. Solche Erfahrungen können in Meditationssätzen oder Symbolbildern mitgeteilt werden. Diese Art Sätze sind nicht informativ, durch den Verstand nicht erfassbar, meistens auch paradox; die Bilder weisen auf einen Sinn hin, der weder in Worte zu fassen ist noch eine Sinneswirklichkeit abbildet. Meditative Texte sind in der Bibel, in den Reden Buddhas und Bodhidarmas, in den Texten zahlreicher Mystiker und Rudolf Steiners zu finden.

Satzmeditation

Einen meditativen Satz erkennt man daran, dass, wenn man ihn nur als Information versteht, das untrügliche Gefühl in der Seele zurückbleibt, damit nicht den ganzen Sinn erfasst zu haben. Trifft man auf solch einen Satz, so versuche man sich ihm zunächst mit konzentriertem Denken anzunähern. Dieses Tun kann «Besinnen» genannt werden. Sein Ziel ist es, alle Möglichkeiten des Denkens anzuwenden, um die einzelnen Worte und die Struktur des Satzes, so weit es geht, zu ermitteln, und dies dann, wenn man die Unfähigkeit des Denkens erfahren hat, aufzugeben. Das Denken wird «ermüdet», damit es nicht beim Meditieren zu stören beginnt.

Meditieren heißt, sich auf die Bedeutung des Satzes zu konzentrieren. Damit ist die formale, informative Bedeutung gemeint, die man auch übersetzen könnte, ohne den wirklichen, tieferen Sinn des Satzes zu verstehen. So kann beispielsweise eine Übung mit dem Satz versucht werden: «Worte kommen aus dem Wortlosen.» Der formal verständliche, übersetzbare Satz enthält das Wort «Wortloses», das zunächst keine Erfahrung ist, weshalb es auch rätselhaft erscheint, wie etwas aus ihm «kommen» kann. Die Konzentration auf den formalen (informativen, übersetzbaren) Sinn des Satzes ist dadurch erschwert, dass er in mehreren Wörtern erscheint; wir können uns aber nur auf *ein* Zeichen konzentrieren. Wir können den ganzen Satz als eine Einheit nehmen oder aber ihn in ein einziges Wort zusammenziehen, das dann den ganzen Satz vertritt. Am besten wählen wir ein Wort aus dem Satz (es soll kein Artikel sein) und tragen die Bedeutungen der anderen Wörter einzeln, eine nach der anderen in dieses Wort. Wir wählen zum Beispiel das Wörtchen «aus» und lassen «kommen» in «aus» hereinziehen: «Worte aus dem Wortlosen». Dann lassen wir «Worte» weg und füllen die Bedeutung in «aus»: «Aus dem Wortlosen». Schließlich kondensieren wir «dem Wortlosen» auch in «aus». Auf dieses letzte Wort, das aber jetzt den ganzen Satz bedeutet, konzentrieren wir uns. Meistens verschwindet auch dieses letzte Zeichen, es bleibt aber der Sinn in der konzentrierten Aufmerksamkeit – ein zeichenloses «Das». Ist die Konzentration intensiv genug, so kann blitzartig intuitiv eine Erfahrung auftreten als der verborgene Sinn des Satzes: Wir erfahren die wortlose Wirklichkeit. Wiederholen wir dieselbe Meditation, so gelangen wir zu immer anderen, höheren Intuitionen, die einander ergänzen und weiterentwickeln, ohne dass wir je eine letzte «vollständige» Einsicht erlangten, denn wir werden durch die Erfahrungen verändert, und dem Veränderten sagt der Satz immer wieder etwas Neues, das vorangehend verborgen blieb. Das wortlose, begriffsfreie *reine* Denken kann sich in erkennendes Fühlen und dieses wiederum sich in empfangendes Wollen verwandeln.

Beim Meditieren treten im Wesentlichen dieselben Erfahrungen auf wie in der Konzentrationsübung. Diese bereitet darauf vor, sich in der Meditation in der notwendigen Weise auf eine zeichenlose Bedeutung konzentrieren zu können. Die Erfahrungen sind das Einswerden mit dem Thema und das Ich-bin-Erlebnis.

Symbolbildmeditation

Symbolbilder sind Zeichen für eine Bedeutung, die auf keine andere Weise mitteilbar ist. Sie können statisch sein oder einen Vorgang abbilden. Solch ein Bild ist zum Beispiel ein Teich, umgeben von Bäumen; am Ufer sitzt eine Wildente. Sie trippelt ins Wasser und durchkreuzt schwimmend den Teich. Auf der gegenüberliegenden Seite geht sie ans Ufer, wendet sich dem Wasser zu und versenkt sich auf einem Bein stehend, Schnabel und Kopf ins Gefieder gesteckt, in eine «meditative» Haltung.

Das Meditieren beginnt mit dem Heraufrufen des Bildes der Anfangsszene: Teich, Ufer, Wildente. Das kann – wie in der Konzentrationsübung – durch die innere Gebärde getan werden, mit der stillen Frage: «Wie siehst du aus?» Auf diese Weise entsteht das Bild wie eine Erinnerung, auch wenn wir ein solches nie gesehen haben. Dann lassen wir das Geschehen beginnen: verfolgen das Schwimmen der Ente, sehen auch die von ihr erregten Wellen im Wasser. Ist das Geschehen abgelaufen, halten wir zunächst das entstandene Bild (die Ente am Ufer nach der Überquerung des Wassers), dann aber versuchen wir das ganze Geschehen im Fühlen als eine Einheit zu erfassen. Jedes Bild ist fühlbar. Wenn die Meditation gelingt, erfahren wir ein Verstehen im Fühlen. Eigentlich ist diese nicht in Worte übersetzbar, beziehungsweise wir können viele «Deutungen» formulieren. Am besten vermeiden wir solche Formulierungen und verbleiben in der fühlenden Erfahrung. Das Auftreten des erkennenden Fühlens hängt, wie in der Konzentrationsübung, von der Intensität der Aufmerksamkeit ab.

Wird diese Übung mit Erfolg mehrmals wiederholt, kann man sie in einer schwierigeren Form üben, nämlich, dass beim Schwimmen der Ente das Wasser regungslos stehen bleibt – es entstehen keine Wellen.

Symbolbilder sind in jedem Märchen zu finden. Es sind in Textform gegebene Bilder ebenso wie die Gleichnisreden des Herrn im Neuen Testament, zum Beispiel das Bild des Sämanns (Mk. 4).

Wahrnehmungsmeditation

Naturgegenstände haben mit Meditationstexten und Symbolbildern gemein, dass ihre Bedeutung informativ nicht mitteilbar ist. Denn Naturerscheinungen sind Zeichen großer Ideen, die alle durch Menschen geschaffenen Bedeutungen – auch die künstlerischen – an Mächtigkeit weit übertreffen. Diese Ideen aber werden durch die Erscheinungen ausgestrahlt. In der Wahrnehmungsmeditation versuchen wir dieser Ideen-Ausstrahlung entgegenzugehen. Dazu können alle Sinne verwendet werden; am leichtesten ist es, mit dem Sehen anzufangen. Fühlendes Sehen ist uns – außer im Rezipieren von Kunstwerken – vom Blickkontakt und vom Anschauen eines menschlichen Gesichtes aus dem Alltag bekannt. Beim Blickkontakt ist der Blick beider Partner empfangend; ebenso beim Anschauen des Gesichts, einem globalen Anschauen, das sich nicht auf die Einzelheiten, sondern auf den Gesamteindruck des Antlitzes richtet, wobei wir Einzelheiten gar nicht wahrzunehmen brauchen. Wir erkennen das Gesicht wieder und können es uns auch vorstellen, ohne beispielsweise zu wissen, wie die Nase geformt ist. Mit solch einem Blick versuchen wir einen einfachen Naturgegenstand (Kieselstein, Pflanzenblatt) anzuschauen.

Eine Vorübung besteht darin, dass wir den Gegenstand, möglichst unter Vermeidung jeglicher «Benennungen», das heißt jeglicher begrifflichen Inventarisierung der Einzelheiten, mit einem globalen Blick konzentriert etwa eine halbe Minute lang anschauen und uns dann mit geschlossenen Augen oder indem wir uns vom Gegenstand wegwenden das Gesehene vorstellen. Dies dient dazu, das sonst blitzschnelle Oszillieren der Aufmerksamkeit zwischen Wahrnehmen (Hingegebenheit) und begrifflicher Feststellung des Gesehenen zu trennen. Im Vorstellen sind wir jedenfalls «bei uns», nicht hingegeben.

Je öfter wir diese Vorübung, auch unter Verkürzung des Anschauens, wiederholen, umso sicherer wird die folgende Meditation gelingen. Diese wird durch einen «wissenschaftlichen», analysierenden, auf die Einzelheiten gerichteten, begrifflich arbeitenden Blick (etwa eine halbe Minute lang) mit dem begleitenden Fühlen vorbereitet; es strömt etwas – die Aufmerksamkeit – von mir zum Gegenstand. Es folgt ein ganz kurzes Schließen der Augen, ein Blinzeln, und dann schauen wir den Gegenstand mit einem empfangenden, einladenden «Blickkontakt-Blick» wieder an, als ob wir sagen würden: «Komm», «zeige dich», «sprich dich aus». Dies wird begleitet von dem Gefühl: Jetzt strömt etwas vom Gegenstand zu uns. Diese Phase ist die eigentliche Wahrnehmungsmeditation, und sie wird gehalten, solange wir einen Unterschied im Erleben erfahren im Vergleich zum analytischen Hinblicken. Ergibt sich kein Unterschied, so wiederhole man die Vorübung weiterhin. Der «Unterschied» ist im Fühlen zu erleben. Wenn man ihn in Worte fasst – was nie exakt gelingt –, dann heißt er: der Gegenstand wird größer, kommt näher, wird wärmer, weicher, leuchtender, seiender, atmend, pulsierend, lebend, prozesshaft. Beim Intensivieren der Übung kann man das Geprägtwerden der Aufmerksamkeit durch den Gegenstand und damit ein Ich-Erlebnis erfahren. Durch Vergleichen von verschiedenen Gegenständen beim Meditieren wird das erkennende Fühlen immer differenzierter wahrnehmend, es verfeinert sich bis zum Qualitätsgefühl (ähnlich wie es auf ästhetischem Gebiet mit dem spezifisch musikalischen, malerischen, bildhauerischen usw. Fühlen geschieht).

Diese Art Meditieren hat die Besonderheit, dass sie bei einigermaßen starker Konzentration das erste Mal ganz leicht gelingt. Beim Wiederholen stellen sich – nach dem ersten leichten Erfolg – Erwartungen ein, die selbstverständlich hinderlich sind.

Unvoreingenommenheit

Der Mensch wird andauernd mit Neuem, ihm Unbekanntem, mit neuen Situationen, Problemen, Phänomenen konfrontiert, und das kann im Hinblick auf die neuen Kinder immer schärfer erlebt werden. Selbstverständlich versucht er das neue durch ältere, vergangene Erfahrungen zu meistern, und das kann auf zwei Weisen geschehen. Man kann das Neue am Alten messen, es damit vergleichen, neue Situationen durch Heranziehen von vergangenen Erfahrungen beurteilen und lösen. Das war in alten, vorchristlichen Zeiten ein berechtigtes Vorgehen: Gesetze, mythologische Bilder, tief im Fühlen erlebt, konnten als Vorbilder im Leben Orientierung geben. Im Zeitalter der Freiheit, in dem wir leben, sollten die vergangenen Erfahrungen nicht direkt als Verhaltensmuster verwendet werden, sondern sich in entsprechende Fähigkeiten auflösen: so wie ein Maler durch seine Bilder die Fähigkeit zu neuen Bildern entwickelt, und nicht die schon geschaffenen wiederholt. Wir alle schleppen viele Meinungen, Vorurteile, Voreingenommenheiten mit, die durch unsere Erziehung, größtenteils, ohne dass es uns bewusst wurde, entstanden sind. Eine Revision von Zeit zu Zeit ist jedenfalls gesund. Außer den Voreingenommenheiten, die verhältnismäßig leicht wahrgenommen und überwunden werden können, gibt es Denk-, Gefühls- und Willensgewohnheiten, die schwieriger wahrzunehmen sind, weil sie unsere ganze Bewusstseinsstruktur bestimmen. Eine solche Art von Voreingenommenheit entsteht zum Beispiel durch die Muttersprache im Denken, denn durch deren Wortbegriffe und deren Grammatik wird unser Denken allererst geprägt. Eine Fremdsprache zu erlernen hilft weitgehend über diese Geprägtheit hinauszukommen und das übersprachliche, das begriffsfreie Element, durch das Begriffe entstehen und verstanden werden, zu erfahren. In der Konzentrationsübung begegnen wir dem Gegenstand als einem wortlosen *das* im Zentrum unserer Aufmerksamkeit; das ist aber immer noch eine Begrifflichkeit, nur ohne Zeichen. Beim

Meditieren löst sich das informative, formale Verstehen eines Satzes oder Bildes auf, um sich zu einem neuen Verstehen hinzubewegen: Im Übergang ist das Bewusstsein begriffsfrei, ohne die Konzentriertheit zu verlieren. An diesem Phänomen wird klar, dass begriffsfreies Bewusstsein nur in der konzentrierten Aufmerksamkeit entstehen kann.

Diese Stufe der Unvoreingenommenheit ist die Vorbedingung zu jeglicher schöpferischen Tätigkeit, die pädagogische mit inbegriffen. Das Wesen eines Menschen, die gegenwärtige seelischgeistige Struktur eines Kindes kann nur intuitiv, das heißt in begriffsfreier Aufmerksamkeit erfasst werden, und dabei ist jedes Haften an Theorien, Begriffen und vergangenen Erfahrungen hinderlich. Die Vergangenheit ist dann fruchtbar, wenn sich die einzelnen Erfahrungen in Fähigkeiten verwandeln. So ist es mit allem Gelernten: Wir müssen sehr vieles lernen, um es vergessen zu können. Aber das Bewusstsein erhält durch das Lernen und Vergessen die Fähigkeit, selber dem Gelernten ähnliche Strukturen zu schaffen.

Anmerkungen

1 Siehe Kühlewind, *Der sprechende Mensch*, Kap. III. 2. Frankfurt am Main: Klostermann, 1991. Und derselbe: *Das Licht des Wortes*, Kap. 11. Stuttgart 1984.

2 Lev Vygotsky, *Thought and Language*, chap. 2. The MIT Press 1999.

3 Kühlewind, *Aufmerksamkeit und Hingabe*, Kap. 6, 7, 8. Stuttgart 1998; *Der sanfte Wille*, II. Übungen zum erkennenden Fühlen, Stuttgart 2000.

4 Im Vorgeburtlichen ist das Sein zugleich Sprechen, Aussagen des eigenen Wesens. Siehe Rudolf Steiner, *Geisteswissenschaftliche Menschenkunde*, GA 107, Vortrag vom 26.10.1908.

5 Die Logosstiftung (1995 New Jersey, USA; 1996 Ungarn) wurde für (in weitestem Sinne) verwahrloste Kinder gegründet. Ihre Tätigkeit besteht in Kursen für Eltern und Pädagogen, besonders über das kleine Kind und wie man mit ihm umgeht; in den USA außerdem Bildung und Betreuung von Kinderhorten.

6 Kühlewind, *Aufmerksamkeit und Hingabe*, Kap. 3 und 4.

7 Beschreibungen der Konzentrations- und Meditationsübungen finden sich im Anhang II des vorliegenden Buches sowie in Kühlewind, *Vom Normalen zum Gesunden*, Kap. 5.3, 5.4; *Die Belehrung der Sinne*, Kap. 8; *Aufmerksamkeit und Hingabe*, Kap. 23; *Der sanfte Wille*, Kap. IV.

8 Konditionierte Reflexe (Pavlov) oder Reiz-Antwort-Mechanismen sind kein Verstehen.

9 Der Ausruf: «Schön sehen wir aus!», kann wenigstens zwei verschiedene Bedeutungen haben. Wer lesen kann, wird nicht von unsichtbaren (wie etwa magnetischen) Kraftlinien dabei geleitet, sondern durch sinnlich nicht wahrnehmbare (und auch sinnlich nicht wahrnehmbar zu machende) Zusammenhänge zwischen Buchstaben, Wörtern usw.

10 Sich-Aufrichten, Gehen usw. sind am Anfang Ausdrucksgebärden. Das Kind verfolgt keinen Zweck durch sie, sondern zeigt sich als Menschenwesen, es geht zur Mutter und drückt damit etwas aus.

11 Siehe Kapitel 9 und 12 im vorliegenden Buch sowie Kühlewind, *Das Licht des Wortes*, Kap. II; *Der sprechende Mensch*, III. 2.

12 Da die Sprache nicht vererbt ist, kann auch das Denken in einer Sprache nicht vererbt sein.

13 Kühlewind, *Meditationen über Zen-Buddhismus, Thomas von Aquin und Anthroposophie*, Kap. 2. Stuttgart 1999.

14 Kühlewind, *Der Gral oder was die Liebe vermag*, Kap. 3. Ostfildern: edition tertium 1997. Und *Die Esoterik des Erkennens und Handelns*, Kap. VI. Stuttgart 1995.

15 Kühlewind, *Der sanfte Wille*, Kap. IV.

16 R. Steiner, *Der übersinnliche Mensch, anthroposophisch erfasst*, GA 231, Vortrag vom 14.11.1923: «Das was der Mensch ausspricht, was in das flüchtige Wort übergeht, das würde zugleich wie ein sich-selber-Aussprechen des Menschen sein, sein Wesen und zugleich seine Offenbarung – dann haben Sie das, wie sich die Menschen in der Mitte zwischen Tod und neuer Geburt, ihr eigenes Wesen unterscheidend und sich offenbarend, begegnen. Wort begegnet dem Wort, artikuliertes Wort begegnet dem artikulierten Worte, innerlich belebtes Wort begegnet dem innerlich belebten Worte. Aber die Menschen sind ja die Worte, ihr Zusammenklingen ist Zusammenklingen des artikulierten Wortwesens. Da leben die Menschen so, dass Undurchlässigkeit nicht da ist: da leben die Menschen wirklich miteinander, und es geht das eine Wort, das der eine Mensch ist, in dem anderen Worte, das der andere Mensch ist, auf. Da werden jene schicksalsmäßigen Zusammenhänge gebildet, die dann in der Nachwirkung für das folgende Erdenleben bleiben und die sich so äußern, dass die Menschen, wenn sie sich begegnen, zusammenkommen und gewissermaßen Sympathie und Antipathie fühlen. Dann ist dieses Fühlen der Abglanz dessen, als was sich die Menschen im Geisterlande in der Mitte zwischen Tod und neuer Geburt angesprochen haben. So haben wir miteinander geredet, die wir selber die Rede waren, wie wir uns jetzt auf der Erde nur im schattenhaften Abbilde des Gefühles wiederum finden.» (Vgl. auch GA 107, Vortrag vom 26.10.1908.)

17 Kühlewind, *Der sanfte Wille*, Kap.: Wege zur Erfahrung der Gegenwärtigkeit; und Kap.: Der kosmische Hintergrund des sanften Willens.

18 Dass etwas unabhängig vom Menschen existiere, könnte nur ein nicht-menschliches Wesen feststellen. Die Hypothese erhebt auch den Anspruch, dass das Seiende so existiert, wie der Mensch es eben erkennt,

und dass diese Seinsweise gleich bleibt, auch wenn sich die Erkenntnis des Menschen ändert.

19 Kühlewind, *Der Gral*, Kap. 1.

20 Ähnliche Verwandlungsprozesse in verschiedenen Sinnesbereichen sind von Steiner beschrieben worden in: *Das Rätsel des Menschen*, GA 170, Vortrag vom 2.9.1916.

21 Siehe R. Steiner, *Vom Menschenrätsel*, GA 20, Ausblick; Kühlewind, *Der sanfte Wille*, 2. Anhang.

22 Die Untersuchung von Sprachen zeigt, dass in manchen von ihnen Schmecken und Riechen durch dasselbe Wort bezeichnet werden; Hören, Wortsinn und Denksinn trennen sich bei Kindern erst spät; das Wort «fühlen» kann je nach Sprache sehr große Sinnesgebiete abdecken.

23 Ein bekanntes Beispiel ist die Farbpalette: In zahlreichen Sprachen ist sie anders aufgeteilt als z. B. in der deutschen. Vgl. Kühlewind, *Der sprechende Mensch*, S. 53.

24 Genauer wird dieser Vorgang im 11. und 12. Kapitel beschrieben.

25 So haben die Vorsokratiker unter den Worten Feuer, Wasser, Luft und Erde sicherlich etwas völlig anderes verstanden, als wir es gewöhnlich tun.

26 Die erste Silbe des Kleinkindes (ma, ba, da usw.) bedeutet die ganze Welt, die erste Strukturierung.

27 Des Näheren beschrieben in *Aufmerksamkeit und Hingabe*, Kap. 7, 13 und 18; sowie in *Der sanfte Wille*, Übung 19-21.

28 *Aufmerksamkeit und Hingabe*, Kap. 19 und 25.

29 *Aufmerksamkeit und Hingabe*, Kap. 13 und 18.

30 Zu dem Motiv des Sündenfalls, der sich in jedem Kind wiederholt, sind zwei Bemerkungen zu machen. Die Erste bezieht sich auf zwei Stellen aus der Genesis. Wir lesen 1. Mos. 2,25: «Und sie waren beide nackt, der Mensch und sein Weib, und schämten sich nicht.» 1. Mos. 3,7-11 heißt es: «Da [durch den Sündenfall] wurden ihrer beider Augen aufgetan, und sie wurden gewahr, dass sie nackt waren, und flochten Feigenblätter zusammen und machten sich Schürze ... Und Gott der Herr rief Adam und sprach zu ihm: Wo bist du? Und er sprach: Ich hörte deine Stimme im Garten und fürchtete mich, denn ich bin nackt, dann versteckte ich mich. Und er sprach: Wer hat dir's gesagt, dass du nackt bist? Hast du nicht gegessen von dem Baum ...?» – Vor dem Sündenfall war der *Körper* des Menschen nackt, nicht *er*. Nach dem Sündenfall fühlt er sich

als der Körper, jetzt wird *er* nackt. Der Ruf: Adam, wo bist du? deutet das Herausgefallensein aus der unvermittelten Einheit an. Die zweite Bemerkung: Wer von Dualität spricht und sie erlebt, in dem muss eine Instanz wirken, die der Dualität nicht unterliegt, sonst wäre Letztere nicht erfahrbar. Diese Instanz ist ihrer selbst so wenig bewusst, dass ihre Anwesenheit selbst meistens gar nicht bemerkt wird. Ähnlich geschieht es beispielsweise beim Vergleichen zweier Sprachen. Man merkt nicht, dass dazu ein sprachunabhängiges, übersprachliches Denken notwendig ist. Das zu bemerken wäre der erste Schritt zur Verwirklichung des wahren Selbst. (s. Anm. 29).

31 Siehe Kühlewind, in: *Das Goetheanum*, Nr. 19-22, Jg. 2001.

32 Siehe Kühlewind, *Der sanfte Wille*, Kap. III.

33 R. Steiner, *Der Goetheanismus ein Umwandlungsimpuls und Auferstehungsgedanke*, GA 188, Vortrag vom 10.1.1919. Sowie *Von Seelenrätseln*, GA 21, Kap. I und IV/3.

34 R. Steiner, *Die Welt der Sinne und die Welt des Geistes*, GA 134, Vortrag vom 28.12.1911.

35 Eine ähnliche Erfahrung kann bei dem momentanen Aufblitzen der empfangenden Aufmerksamkeit entstehen, wenn nach einer denkend-vorstellenden Konzentration der erste Blick auf die Sinneswelt fällt – sie erblüht dann gleichsam neu. Oder auch dann, wenn man die empfangende Aufmerksamkeit im sinnlichen Wahrnehmen verwirklicht (s. Kühlewind, *Die Belehrung der Sinne*, Kap. 8; 3). In beiden Fällen muss das Denken schweigen.

36 Kühlewind, *Der sanfte Wille*, Kap. III.

37 Siehe Anmerkung 33.

38 Kühlewind, *Aufmerksamkeit und Hingabe*, Kap. 13 und 18.

39 *Der sanfte Wille*, Übung 9 und 17; Zwischenbemerkung S. 80.

40 *Das Licht des Wortes*, Kap. 11.

40a Siehe Anmerkung 28.

41 *Der sanfte Wille*, Übung 7.

42 *Der sanfte Wille*, Übung 9.

43 *Aufmerksamkeit und Hingabe*, Kap. 4.

44 *Der sanfte Wille*, Übung 8.

45 *Der sanfte Wille*, Kap. IV; *Aufmerksamkeit und Hingabe*, Kap. 24.

46 Kühlewind, *Die Belehrung der Sinne*, Kap. 8. Stuttgart 1990; Texte von R. Steiner dazu finden sich im Anhang des Buches.

47 Zur Übung der Unvoreingenommenheit siehe Anhang II im vorliegenden Buch sowie Kühlewind, *Vom Normalen zum Gesunden*, Kap. 5.5., Übung 5; sowie *Der sanfte Wille*, Übung 24.

48 *Die Belehrung der Sinne*, Kap. 1.

49 Aufmerksamkeit und Hingabe, Kap. 5-8.

50 Thomas von Aquin unterscheidet auf brillante Weise zwischen intuitivem und rationalem Denken. Siehe Kühlewind, *Meditationen über Zen-Buddhismus, Thomas von Aquin und Anthroposophie*, Kap. 4, S. 69.

51 Zur Bildmeditation siehe Anhang II im vorliegenden Buch sowie Kühlewind, *Der sanfte Wille*, Kap. IV.

52 Enthalten in: Ineke Verschuren (Hrsg.), *Die Reise zur Sonne. Geschichten zu Ostern, Pfingsten und Johanni*. Stuttgart, 2. Aufl. 1996.
Sowie in: Luise Schlesselmann, *Die christlichen Jahresfeste und ihre Bräuche,* Neuausgabe, Stuttgart 2001.

53 Siehe Hans Müller-Wiedemann, *Mitte der Kindheit*, Stuttgart, 4. Auflage 1994.

Weitere Bücher von Georg Kühlewind

AUFMERKSAMKEIT UND HINGABE

Die Wissenschaft des Ich
110 Seiten, kartoniert

«Das ist die Kraft des Ich oder der Aufmerksamkeit, dass sie sich identifiziert mit dem vorläufigen Objekt und doch unverändert bleibt. Dies mag in dem Pendelschlag Hingebung – Rückkehr geschehen, da ergibt sich eine Erfahrung in Vergangenheit. Oder es kann in der Gegenwärtigkeit stattfinden, indem das Ich in der Durchsichtigkeit zeugt. In der Selbstbewusstseinsseele muss die Bewusstheit wenigstens für einen Augenblick in die Durchsichtigkeit gehoben werden.»

MEDITATIONEN

über Zen-Buddhismus, Thomas von Aquin und Anthroposophie
115 Seiten, kartoniert

In den über hundert Meditationen, die Georg Kühlewind dem Leser empfiehlt, geht es um Grundfragen einer Weltpraxis: Gestimmtheit zum Verstehen, Gestimmtheit zum Guten, das Erkennen und seine höheren Formen, das wahre Selbst und Leere als Wirklichkeit. Im Verfolg dieser Meditationen ergibt sich ein erstaunliches Resultat: Rudolf Steiner, Thomas von Aquin und der Zen-Buddhismus konvergieren in ihrer Zielsetzung auf eindrückliche Weise – verschieden sind ihre Wege.

VERLAG FREIES GEISTESLEBEN

Weitere Bücher von Georg Kühlewind

DER SANFTE WILLE

Vom Gedachten zum Denken, vom Gefühlten zum Fühlen,
vom Gewollten zum Willen
129 Seiten, kartoniert

Wenn wir eine Arbeit tun oder einen bestimmten Zweck verfolgen, setzen wir unseren «harten» Willen ein. Beim Sprechen beispielsweise oder beim Lächeln, beim Erinnern und bei jeder künstlerischen Tätigkeit wie auch beim Meditieren ist dagegen eine andere Art von Willen wirksam. Georg Kühlewind zeigt, wie man durch Besinnung, Meditation und Übung diesen «sanften» Willen wahrnehmen und verwenden lernen kann.

VOM NORMALEN ZUM GESUNDEN

Wege zur Befreiung des erkrankten Bewusstseins
248 Seiten, kartoniert

«Wir sind zu bequem. Wir denken: Um meine und aller Welt Lebensprobleme zu lösen, bin ich gut und klug genug, so wie ich bin. Nun, die großen Künstler müssen täglich viele Stunden üben. Und wir, die wir vielleicht gar nicht so große Virtuosen sind auf dem Gebiet des Erkennens und der moralischen Fragen, wie viel üben wir auf diesem allgemein-menschlichen Gebiet?»

VERLAG FREIES GEISTESLEBEN

Weitere Bücher von Georg Kühlewind

BEWUSSTSEINSSTUFEN

Meditationen über die Grenzen der Seele
105 Seiten, kartoniert

Die Ebene wirklichen Verstehens ist die Ebene des lebendigen, erlebten Denkens. Der Prozess, nicht der Gedanke, ist das Wesentliche. Das ist es, was Georg Kühlewind in seinen zu Meditationsbildern verdichteten Denkerfahrungen dem Leser nahe bringen will. Was er in seinen Betrachtungen vorführt, ist eine willensgerichtete Denktätigkeit, bei der das Denken sich im Augenblick des Denkens selbst ergreift und sich als das Erste, das Hervorbringende, erkennt. Es kehrt damit zu sich selbst zurück. Es erfährt sich als Quellpunkt des Geistes, als Ich.

DIE WAHRHEIT TUN

Erfahrungen und Konsequenzen des intuitiven Denkens
204 Seiten, kartoniert

Hier wird der Weg der Kontemplation weitergeführt in einer Weise, die den Leser unmittelbar neue Qualitäten des Denkens, Fühlens und Wollens erleben lässt. Dieser Übungsweg führt in eine Sphäre schöpferischer Kräfte. In dieser kontemplativen Welt ist der Mensch Mitwirkender des achten Schöpfungstages, an dem der geistige Ursprung der Welt offenbar wird.

VERLAG FREIES GEISTESLEBEN

Weitere Bücher von Georg Kühlewind

DIE ERNEUERUNG
DES HEILIGEN GEISTES

Gnade, Teilhabe und geistige Aktivität
111 Seiten, Leinen

«Nun sind die Reiche der Himmel wirklich nahe herbeigekommen, von der anderen Seite her, in der sie früher nicht aufgesucht werden konnten. Im Schwachmenschlichen sind sie anwesend; unter der Asche des Alltags, der Gewohnheiten lebt eine kleine Glut des Anfangs. Sie auflodern zu lassen heißt, mit dem neuen Heiligen Geist begnadet zu werden.»

VOM UMGANG
MIT DER ANTHROPOSOPHIE

86 Seiten, kartoniert

«Wahrheiten, auch die anthroposophischen, können nicht einfach als feststehende Dogmen überliefert werden. Sie sind immer Wahrheiten eines bestimmten Zeitalters und müssen zu jeder Zeit neu aufgefasst werden. Das erfordert jeweils eine erneute Aktivität in Bezug auf die Auffassungsgabe des Menschen.»

Georg Kühlewind

VERLAG FREIES GEISTESLEBEN

Grundlagen einer spirituellen Erziehungspraxis

Henning Köhler

«Schwierige» Kinder gibt es nicht

*Plädoyer für die Umwandlung
des pädagogischen Denkens.
176 Seiten, kartoniert*

Henning Köhler geht der Frage nach, ob tatsächlich davon gesprochen werden kann, dass «die Kinder immer schwieriger werden», oder ob die allgemeine Bewusstseinslage und die gesell-
schaftlichen Verhältnisse auf eine für Kinder unerträgliche Situation zutreiben: Wer oder was ist hier eigentlich «schwierig»?
Köhler stellt gewohnte Denkschablonen in Frage und umreißt in
Grundzügen einen spirituell vertieften Erziehungsbegriff, der aus
der gegenwärtigen Sinnkrise führen kann.

Henning Köhler

Was haben wir nur falsch gemacht?

*Kindernöte, Elternsorgen
und die verflixten Schuldgefühle.
352 Seiten, kartoniert*

Wie kann ich verständnisvoll auf mein Kind eingehen, ihm ein
tröstender Begleiter auch durch schmerzliche Erfahrungen sein?
Wenn man als Mutter oder Vater Schuld bei sich sucht, dann liegt
sie in etwas ganz anderem begründet, als wir gemeinhin glauben:
Ungenügende Aufmerksamkeit für das Besondere, ganz und gar
Eigene des Kindes, das sich nur entfalten kann, wenn es durch
liebende Aufmerksamkeit hervorgerufen wird.

VERLAG FREIES GEISTESLEBEN